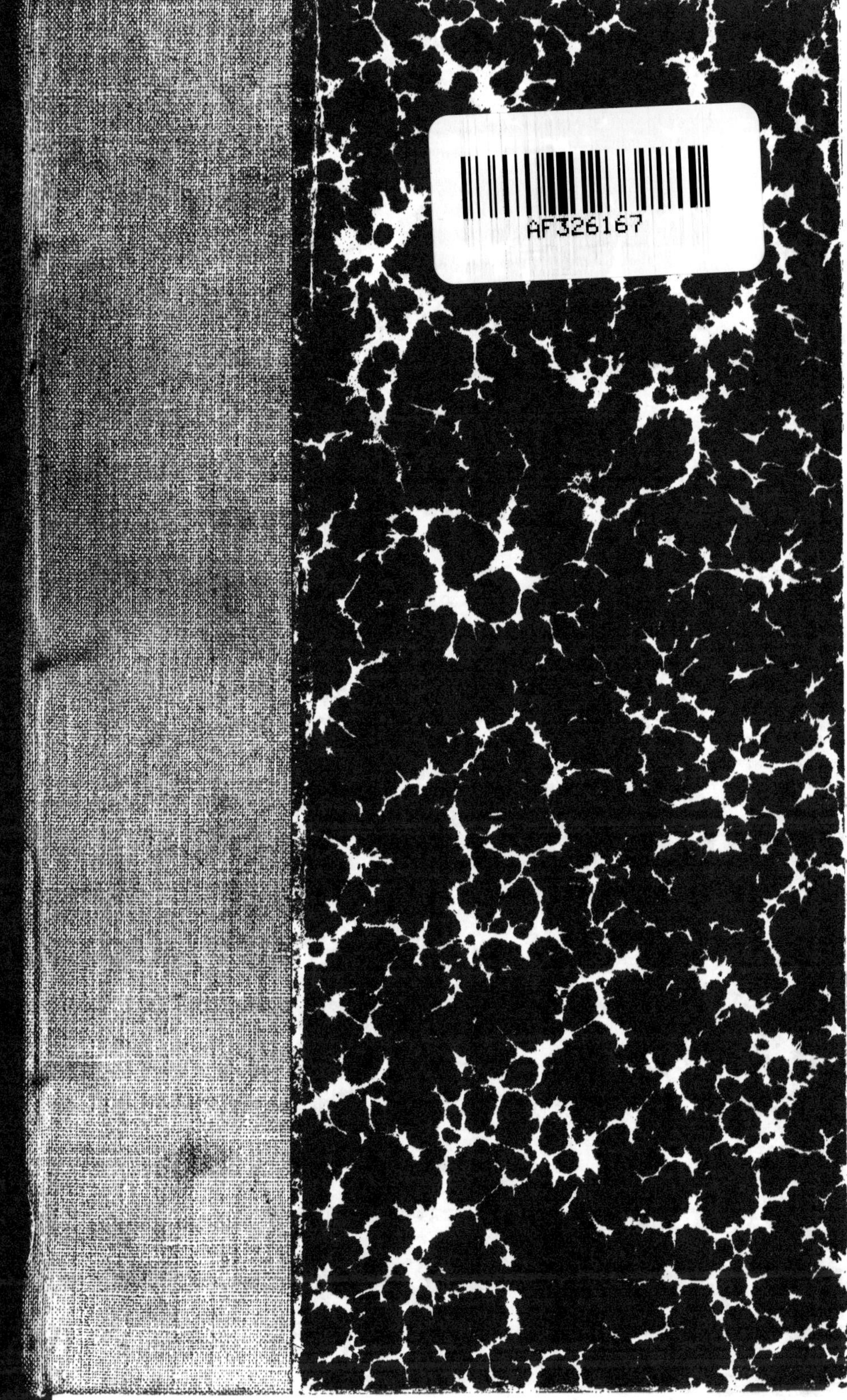
AF326167

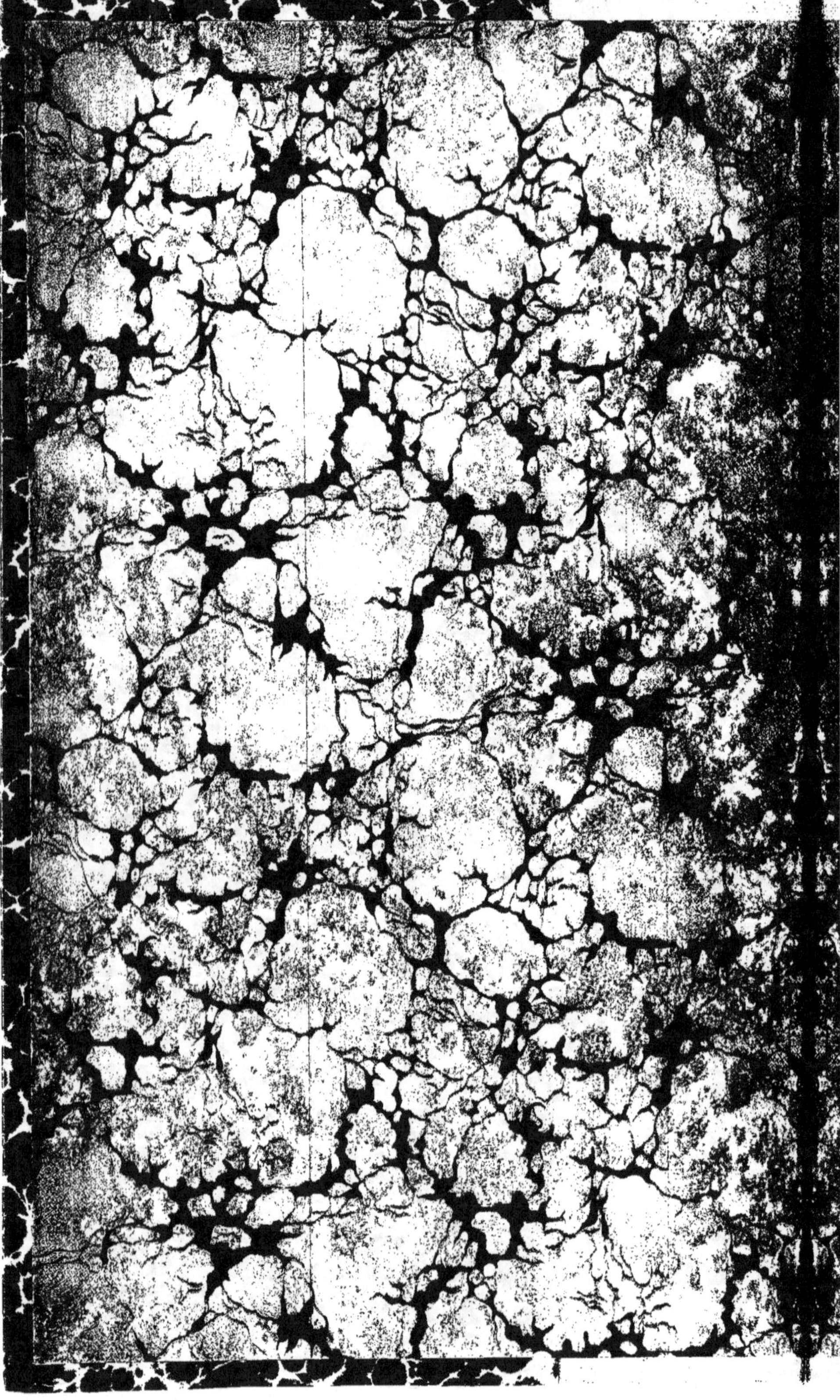

VIE

DE

LAZARE HOCHE

Par THUASNE

Ago quod ago.
« Je fais ce que je fais. »
(Devise de HOCHE.)

Res, non verba!
« Des actes, non des paroles! »
(Autre devise de HOCHE.)

ROUEN

MÉGARD ET Cⁱᵉ, LIBRAIRES-ÉDITEURS

HOCHE A L'ARMÉE DE SAMBRE-ET-MEUSE. — DÉFAITE DES AUTRICHIENS.

VIE

DE

LAZARE HOCHE

Par THUASNE

Ago quod ago.
« Je fais ce que je fais. »
(Devise de Hoche.)

Res, non verba!
« Des actes, non des paroles! »
(Autre devise de Hoche.)

ROUEN

MÉGARD ET Cⁱᵉ, LIBRAIRES-ÉDITEURS

1880

INTRODUCTION.

Le 29 octobre 1797, vers huit heures du soir, on remarquait une animation inaccoutumée dans le petit village de Montreuil, près de Versailles. La grande rue, si paisible d'ordinaire, résonnait sous les pas des paysans qui se rendaient à la ferme des Tilleuls, chez la mère Gérard, dont le fils Pierre, volontaire dans les armées de la République, était de retour depuis quelques jours déjà.

Comme tous les garçons du pays, Pierre avait répondu à l'appel de la patrie en danger. Mais, plus heureux que beaucoup de ses camarades, qui étaient tombés sous les balles prussiennes ou dans les embuscades des Chouans, Pierre, après six années de combats, était revenu sain et sauf auprès de ceux qu'il aimait, dans son cher village qui l'avait vu naître.

Que de choses terribles il avait vues, auxquelles il avait pris part et que chacun désirait connaître ! Aussi la vaste salle de la ferme où se passaient les veillées d'hiver était-elle trop étroite pour contenir tous les braves gens qui tenaient à serrer la main de ce généreux patriote et à entendre de sa bouche le récit de ces campagnes fameuses dont l'Europe parlait avec admiration.

La République était sortie victorieuse des luttes gigantesques qu'elle avait entreprises avec tant d'audace, et qu'elle venait de terminer avec tant d'honneur et de succès par la signature du traité de Campo-Formio (17 octobre 1797).

Mais il y avait, malheureusement, le revers de la médaille; car si notre gloire était immense, si nos armes étaient partout triomphantes, ce n'était pas sans avoir fait les plus grands sacrifices et sans avoir perdu les meilleurs de nos enfants. Bien des événements s'étaient passés dans ces dix dernières années. Le peuple poussé à bout, mourant de faim; l'Etat banqueroutier; le Trésor public mis à sec pour satisfaire aux prodigalités des nobles et de la cour; les soldats déguenillés, mendiant dans les rues, dévalisant les diligences; la révolution pressentie, prédite par toutes les classes de la société, par les philosophes, par les femmes du monde, par les privilégiés eux-mêmes, éclatant, renversant le trône, faisant table rase, ameutant l'Europe, la terrassant, et plantant victorieusement le drapeau de la liberté et de l'indépendance, que de ruines et d'enseignements! La patrie française renaissait enfin. Ce n'était plus maintenant le patrimoine de quelques-uns, mais bien la chose de tous, pour laquelle tous se battaient et savaient mourir.

L'immortelle campagne d'Italie venait de se terminer par un traité illustre pour la France. La paix se trouvait ainsi assurée pour quelque temps; on respirait, et l'avenir, si menaçant tout d'abord, était rasséréné et presque souriant. Aussi avec quelle joie et quel enthousiasme accueillait-on partout nos jeunes soldats, qui, à peine instruits, mal équipés, plus mal nourris encore, avaient tenu tête aux meilleures armées de l'Europe, qui les avaient rejetées au delà de nos frontières et les avaient poursuivies jusqu'au cœur de leur propre pays! Quelle émotion ressentait-on à voir ces hommes à la figure hâlée, pâle, amaigrie par la souffrance, sous leurs grands chapeaux à cornes, avec leurs habits blancs râpés, souillés de boue, les guêtres trouées, raccommodées avec de la ficelle, mais superbes dans leur allure, et vraiment beaux par l'énergie austère et indomptable qu'ils portaient empreinte sur leurs traits!

Chacun songeait à toutes ces choses dans la salle de la ferme, et attendait, en causant à voix basse, que Pierre entrât. La mère Gérard se tenait près de la cheminée, avec ses deux brus à côté d'elle, leur ouvrage à la main. Le maire, Barnin; Claude, le maître d'école; le facteur, Nicolas Freppeau, tous les amis, tous les voisins étaient là, échangeant entre eux quelques paroles et fumant leurs pipes. Les enfants eux-mêmes avaient quitté leurs jeux et regardaient les flammes du foyer; on entendait le bruit monotone des rouets, et le vent qui soufflait dans les arbres, quand soudain la voix bien connue de Pierre se fit entendre. Il entra. C'était un homme grand et sec, aux pommettes saillantes, aux yeux noirs et profonds, au nez arqué, aux moustaches en croc.

Sa physionomie triste respirait l'honnêteté et la bienveillance. Il avait trente-cinq ans ; mais les fatigues de six années de campagne le faisaient paraître beaucoup plus âgé. Il alla embrasser sa mère, serra la main à ses amis et aux assistants, s'assit et se mêla à la conversation.

Sur la prière qui lui fut faite de raconter un épisode de sa vie au régiment, Pierre y consentit, et, son récit terminé, il poursuivit en ces termes :

— Mes amis, il est bien doux de se retrouver enfin chez soi, au milieu de ses parents et de ses amis, après les cruelles misères qu'il nous a fallu endurer. Certes, la besogne a été rude, mais enfin nous sommes arrivés au but de nos efforts. Combien ont payé de leur vie le salut de la République et qui n'ont pas eu cette satisfaction suprême de voir leur dévouement récompensé ! Mais ils combattaient pour une cause sainte, et ils sont tombés avec le sentiment du devoir accompli.

Ce devoir, tous les garçons du village l'ont dignement rempli, et, plus heureux que tant d'autres, il leur a été donné de revoir leurs foyers. Un seul manque à l'appel : celui-là, l'honneur le plus pur de la France, le général Hoche, un enfant du pays, sous les ordres de qui j'ai combattu pendant six années. Je voudrais vous raconter sa vie si bien remplie : ce serait la façon la plus digne d'exprimer nos regrets et d'honorer sa mémoire.

Pierre Gérard se tut, oppressé par l'émotion et par ses tristes souvenirs. Barnin, le maire, maîtrisant l'effet que ces généreuses paroles avaient produit sur lui comme sur tous les assistants, s'approcha de la table, et, s'adressant à Pierre :

— C'est là une noble idée, bien digne de ton bon cœur, mon ami; je t'engage à la suivre. Le général Hoche est mort en laissant derrière lui une mémoire pure et un nom sans tache. Ce fut un grand citoyen, un capitaine illustre, un administrateur consommé, un patriote dévoué; ce fut surtout un honnête homme. Il est bon qu'une telle vie, passée tout entière au service de la patrie, soit connue de tous les Français, et que chacun de nous vienne se retremper au feu du patriotisme d'un tel héros. Il est juste que le petit village de Montreuil, où est né le général Hoche, entoure de son culte le souvenir d'un tel citoyen, et que nos enfants, enflammés par un modèle si parfait, s'efforcent de lui ressembler. Il est bon qu'ils sachent l'histoire de ce patriote, de ce républicain qui, sans autres protections que son mérite et son énergie, est arrivé au premier rang. C'est une existence pleine d'enseignements et d'espérances; nous ne pourrons que tirer le plus grand profit à la connaître dans tous ses détails.

— Oui, répondit Pierre; j'étais bien sûr d'avoir votre approbation, mes amis, et je chercherai à m'acquitter de ma tâche le mieux possible. Ma bonne volonté servira d'excuse à mon inexpérience. Je suis d'ailleurs certain de rencontrer un appui précieux dans votre bienveillance. J'ai recueilli au régiment un grand nombre de notes, dans l'idée de les utiliser un jour, si Dieu me prêtait vie. Chaque soir, je couchais par écrit les principaux événements de la journée, confiant le reste à ma mémoire. A cette sorte de journal, j'ai joint des copies de lettres, de proclamations; bref, j'ai rapporté un véritable dossier qui sera toujours là pour me seconder, si mes souvenirs venaient à s'embrouiller. Demain soir, si vous le voulez bien, je commencerai mon récit.

Cette proposition fut unanimement acceptée. Mais il était tard, chacun devait être sur pied le lendemain de grand matin pour aller au marché qui se tenait à Versailles. On se leva donc, et l'on se dit adieu jusqu'à la prochaine veillée.

PREMIÈRE VEILLÉE.

La jeunesse de Lazare Hoche.

Comme bien on le pense, personne ne man-
qua au rendez-vous. Pierre, assis à un coin de la
table, mettait en ordre des liasses de notes, qui
devaient assurer l'exactitude de son récit, et qui
montraient avec quel soin religieux il cherche-
rait à remplir son rôle d'historien improvisé.

Au milieu du silence général, Pierre Gérard
commença ainsi :

— Mes amis, c'est au milieu de nous, dans ce

petit village de Montreuil, ignoré hier, et rendu fameux à jamais par le nom illustre qui s'attache désormais au sien, que naquit notre regretté compatriote, Lazare Hoche. Ses parents, comme vous le savez, n'étaient guère riches. Son père, qui pleure aujourd'hui ce fils dont il a vu la fortune rapide et la fin prématurée, était palefrenier à la vénerie royale; sa mère, digne et sainte femme, était morte deux ans après sa naissance. Ce fut sa tante qui le recueillit chez elle, et qui l'entoura de tous les soins d'une mère dévouée.

Le jeune enfant se faisait remarquer par sa gentillesse et son intelligence. Il avait gagné l'affection de son oncle maternel, l'abbé Merlière, qui le fit venir chez lui, lui donna quelques leçons de français et de latin, et lui inspira ce goût des livres qu'il conserva toute sa vie.

Dès qu'il fut en âge de travailler, on chercha à le caser; car sa tante, pauvre maraîchère, ne pouvait supporter une telle charge. Le jeune

Lazare entra comme aide-palefrenier aux écuries du roi. C'est à ce moment que je fis sa connaissance. J'allais souvent le voir au château ; et là, nous nous entretenions du sujet de nos lectures, et nous faisions des projets d'avenir. Il voulait arriver et travaillait sans relâche. Le jour, il faisait sa besogne ; la nuit, quand chacun était retiré, il lisait quelque livre qu'il s'était procuré sur ses économies.

La lecture d'une relation de voyage éveilla en lui le goût des aventures lointaines. Il décida un jour avec trois de ses camarades de s'engager pour les Indes orientales. On s'aboucha avec un racoleur qui paya la prime et fit signer l'engagement. Hoche, confiant, ne prit pas la peine de lire la feuille qu'on lui présentait ; incapable de faire une mauvaise action, il croyait naïvement que tout le monde lui ressemblait ; il signa, ses amis en firent autant ; et quand le tour fut joué, le vieux coquin de leur dire que ce n'était pas aux

Indes qu'ils allaient partir; leur voyage sera moins long et moins périlleux, c'est à Versailles, dans les gardes françaises.

Vous jugez de la déception de notre jeune volontaire. Mais la chose était faite, il était trop tard pour revenir en arrière; Hoche se résigna; et puis, il était beau garçon, et il se voyait déjà sous le coquet uniforme des gardes françaises.

Dès son arrivée au corps, le 19 novembre 1784, il lui fallut payer, suivant l'usage, la bienvenue aux camarades. Hoche avait 125 livres dans sa poche. C'était le prix de son engagement et le fruit de ses économies; il était grand et généreux, les 125 livres eurent bientôt disparu.

Il se fit bien vite remarquer par sa tenue parfaite et son habileté dans les manœuvres. En même temps, ses manières affables lui gagnaient la sympathie et l'amitié de tous. Il n'y avait pas un an qu'il était au régiment, que les grenadiers de son corps, désirant l'avoir pour camarade, le désignèrent à leur chef, qui ne fit aucune difficulté pour accéder à leur désir.

Cette distinction si flatteuse excita l'ambition de notre ami et redoubla son activité. Il était sans nom et sans fortune ; il ne pouvait compter que sur lui-même, il se mit au travail avec acharnement. Que de connaissances lui manquaient, et qui lui étaient indispensables pour avancer ! Il lui fallait des livres. Comment s'en procurera-t-il ? Son pauvre père n'était pas à même de lui venir en aide ; d'autre part, la solde d'un grenadier de France était bien maigre. Hoche n'hésite pas. Une fois qu'il a terminé son service à la caserne, il consacre ses heures de liberté à travailler sans relâche. Il se lève de grand matin, va dans les environs de Paris s'employer chez les maraîchers à puiser de l'eau, à bêcher la terre sous l'ardeur du soleil. La nuit, il brode des vestes et des bonnets de police.

Il amassa ainsi quelque argent, dont il fit trois

parts : la première servit à payer le remplaçant qui montait pour lui la garde ; il consacra la seconde à acheter des livres ; la troisième, il l'employa à se distraire de temps à autre avec ses camarades. Car il ne faudrait pas croire que ce travail opiniâtre lui enlevât rien de sa gaîté. Sa conscience tranquille le prédisposait à user de tous les plaisirs honnêtes. Aussi le chérissait-on. Il choisissait ses amis parmi les plus braves. « Les plus braves sont les meilleurs, » disait-il. Et il était aussi ardent au travail qu'au plaisir. Fidèle dans ses amitiés, il poussait cette qualité jusqu'au fanatisme. Vous en jugerez par l'anecdote suivante.

Dans une rixe entre bourgeois et militaires, un de ses amis avait été fort maltraité, et on l'avait emporté à demi mort. Averti de ce qui s'était passé, Hoche réunit quelques camarades, se rendit avec eux à la maison où la scène avait eu lieu, brisa et saccagea tout, corrigea l'hôtelier d'importance, et, sa vengeance satisfaite, revint tranquillement à la caserne. L'affaire fit du bruit; Hoche fut puni de trois mois de cachot. Il en sortit dans un état pitoyable, les effets en lambeaux, le corps rongé par la vermine, la figure défaite, et si faible, qu'il pouvait à peine se soutenir. A son arrivée à la caserne, ses camarades l'accueillirent avec joie et s'indignèrent contre le misérable qui avait dénoncé leur ami; ils voulaient le venger.

— Ce serait un mal de plus, leur dit Hoche avec une généreuse indifférence. . Que voulez-vous! ne vous ai-je pas dit cent fois que l'espèce humaine valait bien peu de chose?

L'horrible misère dans laquelle il s'était trouvé au sortir de la prison était un des souvenirs qu'il ne pouvait se rappeler sans pleurer. Plus tard, celui qui l'avait dénoncé se trouva sous ses ordres. Beaucoup auraient usé de l'avantage que leur donnaient les circonstances; Hoche se vengea de son dénonciateur en le comblant de ses bontés.

Il avait une horreur instinctive de la perfidie et de la trahison. A son régiment se trouvait un caporal détesté de tous ses camarades pour ses délations continuelles, son insolence et sa méchanceté. Très-habile à tirer l'épée, cet homme se croyait en droit de faire la loi à tous ceux de son grade et se plaisait à faire souffrir ceux qui étaient placés sous ses ordres. Hoche résolut de faire cesser cette tyrannie. Il provoqua son adversaire en duel. Celui-ci n'eut garde de refuser; il était d'ailleurs jaloux de Hoche, et il comptait bien avoir facilement raison de lui. On se battit au sabre derrière les moulins de Montmartre, par une belle matinée du mois de décembre 1788. Le commencement du combat fut contraire à Hoche, qui reçut un furieux coup de sabre sur le front. Il riposta par un coup de pointe si terrible, que l'arme pénétra jusqu'à la garde. Après huit jours d'hôpital, Hoche retourna au régiment avec une forte cicatrice qui relevait encore l'air martial de sa figure. Son adversaire, qui semblait ne devoir pas en revenir, était guéri au bout de six semaines. Deux ans après, il émigrait.

Rigoureux observateur de la discipline, Hoche mettait son honneur dans l'accomplissement de ses devoirs. On le vit un jour se rendre à la salle de police, sans attendre le sous-officier de service qui devait l'y conduire.

Mais il nourrissait en même temps au fond du cœur un ardent amour pour la liberté. C'était d'ailleurs un sentiment qu'il avait de commun avec ses camarades. Casernés à Paris, en rapports journaliers avec les habitants de la ville, les gardes françaises entretenaient en elles ces idées d'indépendance qui agitaient tous les cœurs de la grande cité et de la France. La royauté, en s'opposant obstinément à accorder au peuple les réformes les plus urgentes, mettait celui-ci en démeure de les accomplir lui-même. La situation était devenue intolérable.

L'armée, elle aussi, avait bien des griefs que l'on refusait d'écouter. Les grades étaient pour les nobles seuls; les autres, eussent-ils du mérite, des talents, ne pouvaient espérer que les galons de sous-officier : c'était là leur bâton de maréchal. Aussi, dans tout le pays, la fermentation des esprits était-elle générale. La cour, qui connaissait le patriotisme des gardes françaises, les honorait de ses méfiances. Leur colonel, le sieur Duchatelet, savait bien qu'il n'avait pas à compter sur ses hommes, et il s'efforçait de les empêcher d'avoir aucune communication avec le dehors. Les gardes françaises étaient sans cesse retenues au quartier. Les coups de plat de sabre, les brutalités de toutes sortes leur étaient prodigués. « Il faut consigner le régiment, avait dit Duchatelet à la cour, afin d'avoir à opposer, dans les

cas pressants, les enfants de la canaille à la canaille même. »

Tremblant de laisser apercevoir aux soldats le
mécontentement général, et désireux de les empêcher de prendre part au mouvement, il les ac-
cablait de travaux et de corvées. Les soldats
répondaient à ces sottes provocations en gens
d'esprit, et raillaient dans leurs chansons le roi,
la reine, et le sieur Duchatelet lui-même.

Ce dernier crut avoir trouvé un sûr moyen
d'éloigner ses hommes de toute polémique, en
modifiant la tactique des manœuvres et en in-
troduisant une nouvelle théorie. Hoche, que son
intelligence avait fait remarquer de ses chefs, fut
choisi pour être instructeur. Il s'acquitta de cette
tâche fatigante avec un zèle et une habileté rares ;
il fut, pour ce fait, nommé caporal, et passa au
dépôt pour faire l'instruction des recrues. A peine
fut-il nommé à ce grade, bien modeste pourtant,
qu'il faillit le perdre. Voici à quelle occasion :

Les grenadiers consignés à la caserne s'étaient mis à danser. Cette gaîté bruyante, qui pouvait passer pour de l'ironie, fut mal prise par les officiers, qui sommèrent Hoche de dénoncer les meneurs, sous peine de le casser de son grade et de l'envoyer à l'instant à la prison de l'Abbaye.

— Vous pourrez m'envoyer où vous voudrez, messieurs, répondit Hoche sans se déconcerter ; mais je vous conseille de faire agrandir les cachots, car vous aurez plus d'un rieur à punir.

Oh! si vous aviez vu avec quelle rage sourde les officiers entendirent ces paroles. Hoche, tranquille, attendait ce qu'il leur plairait de décider. Mais ils ne firent rien. Leur esprit hésitait entre les moyens de douceur et de répression.

L'orage politique allait grandissant. L'heure de la liberté approchait. Les états généraux s'étaient ouverts le 5 mai 1789. Devant les insolences et le mauvais vouloir de la cour et du haut clergé, les députés du tiers-état s'étaient ralliés à la salle du Jeu-de-Paume, au vieux Versailles, entourant leur vénérable président, Bailly, et jurant, les mains étendues vers lui, « de ne jamais se séparer et de s'assembler partout où les circonstances l'exigeraient, jusqu'à ce que la constitution du royaume fût établie et affermie sur des fondements solides. »

Vous vous rappelez, n'est-ce pas? mes amis, quel était notre enthousiasme en voyant nos députés montrer tant de calme et tant de courage tout à la fois. On sentait que des temps meilleurs allaient venir, et le peuple en manifestait sa joie.

Mais ensuite, devant les menaces de la cour, en face des régiments étrangers qui encombraient nos rues et nos places publiques, notre joie commença bientôt à se changer en crainte. La scène du Jeu-de-Paume aura son pendant à la Bastille. C'est là que va se rallier le peuple, à cette vieille forteresse du despotisme, où, sur un signe du maître et de ses favorites, par de simples lettres de cachet, des infortunés étaient jetés sans jugement, et mouraient dans des cachots infects, sans savoir souvent la cause de leur malheur. Aussi le peuple s'élança-t-il d'un élan unanime à l'assaut de la Bastille, et, après une lutte furieuse, il y entra enfin. Hoche fut un des premiers qui pénétrèrent dans la sombre demeure, et il s'efforça de protéger la vie des Suisses qui avaient défendu le château. Le peuple, satisfait de sa victoire, ne versa que très-peu de sang, bien que le canon de la forteresse eût décimé nombre d'assiégeants.

Quelques jours après cet événement, Hoche vint nous voir et nous dit qu'on parlait de licencier les gardes françaises qui avaient fraternisé avec la foule. Ce bruit était sérieux. Un mois après, sur les conseils de M. de la Fayette, on les licencia et on en forma un nouveau corps sous le nom de *garde nationale soldée de Paris*.

Ce dernier comptait sans doute les opposer, suivant le cas, à la populace et à la bourgeoisie ; mais ces braves soldats ne pouvaient changer leurs affections du soir au matin ; et amis du peuple avant le 14 juillet, ils continuèrent d'entretenir avec lui les relations les plus cordiales. Ce n'était sans doute pas le compte du gentilhomme-citoyen, qui jugea à propos de dissoudre les gardes françaises et de les verser dans les 102e, 103e et 104e régiments d'infanterie.

C'est dans ce dernier régiment qu'entra Hoche, en qualité d'adjudant. Dans ce nouveau poste, il se fit bientôt remarquer, et donna des preuves de ces talents administratifs qui sont restés un de ses plus grands titres de gloire. Les comptes de l'administration de l'hôpital militaire étaient obscurcis. Hoche les débrouilla. Il dénonce les malversations des régisseurs, met les registres en ordre, et rentre ensuite dans sa compagnie pour se livrer à l'instruction des hommes confiés à ses soins.

La révolution française suivait sa marche. Les princes du sang et la noblesse, émigrés à l'étranger, ameutaient l'Europe contre la patrie et demandaient à grands cris l'invasion.

Qui de nous a oublié ces années terribles où l'on vit coup sur coup nos frontières envahies? Qui ne se rappelle la déclaration de Pilnitz, dans laquelle le roi de Prusse et l'empereur d'Allemagne épousaient la querelle de Louis XVI, et où ils disaient « que la cause du roi de France était d'un intérêt commun à tous les souverains de l'Europe, et que ceux-ci emploieraient les moyens les plus efficaces pour le mettre en état d'affermir les bases d'un gouvernement monarchique convenable aux droits des trônes et au bien-être de la nation française? »

La guerre fut déclarée le 20 avril 1792. Tandis que les patriotes sont à la frontière pour repousser l'étranger, l'ennemi de l'intérieur conspire, excite les craintes et les défiances.

Les Prussiens, en effet, poussaient leur marche en avant. Brunswick publiait son insolent manifeste, véritable soufflet donné à la nation. Il disait aux Français que « s'ils osaient se défendre, ils seraient punis selon les lois de la guerre, et leurs maisons démolies ou brûlées. » Déjà la petite ville de Sierck avait été livrée à une exécution militaire pour avoir résisté à l'avant-garde prussienne.

Quand le peuple fit revenir Louis XVI à Paris, Hoche faisait partie de la troupe qui était chargée de protéger celui qui n'était plus roi que de nom. Une dame d'honneur qui avait remarqué notre grenadier à sa belle tournure, s'écria : « Voilà un jeune homme dont on ferait bien un général. » Hoche était en effet un beau garçon, à la figure sérieuse et honnête, avec un front large, des yeux noirs, vifs et grands. Un an après, il justifiait les paroles de la dame d'atours.

Une prophétie qui se réalisa de tous points fut faite peu de temps après à Lazare Hoche. Ce fut à la suite d'une altercation qu'il avait eue avec un nommé Legendre. Hoche allait se battre en duel avec lui. Déjà les deux adversaires étaient en présence, quand le témoin de Legendre, Danton, s'interposa en disant :

— Qu'allez-vous faire? Celui de vous deux qui égorgera l'autre croit-il qu'il aura raison? Il n'aura commis qu'un crime, et je me déclarerai le vengeur du vaincu. Tous deux vous avez tort, embrassez-vous tous deux. Hoche, frémis de souiller ton épée du sang de ton frère ; un jour tu la tireras contre les ennemis de la patrie, pure du sang français. Un jour, elle sera le salut de la République et ta gloire!

A ces mots, les deux jeunes hommes s'avancèrent l'un vers l'autre et s'embrassèrent avec effusion.

Hoche n'était toujours que sous-officier. Au mois de mai 1792, dans une revue aux Champs-Elysées, le ministre de la guerre Servant remarqua une compagnie dont la tenue était irréprochable et les manœuvres parfaites.

— Quel est ce jeune homme alerte qui conduit si bien sa compagnie? demanda-t-il à l'un des officiers supérieurs qui l'accompagnaient.

— C'est Lazare Hoche, lui répondit-on.

Le ministre le félicita en présence des troupes, et, quatre jours après, il lui envoyait un brevet de lieutenant au régiment de Rouergue. Ceci se passait le 18 mai 1792. Jusqu'à ce jour, Hoche était resté dans des grades obscurs. Il y avait près de neuf années qu'il s'était engagé, et il n'était encore que lieutenant. Mais il va rattraper le temps perdu et parcourir la carrière à pas de géant.

Telles furent les années de jeunesse de celui que nous pleurons, mes amis. Jusqu'à présent vous avez vu en lui l'homme du devoir et de la discipline. Enfant de la Révolution, il salua avec enthousiasme le réveil de la nation française, et grande fut son indignation, quand il apprit que l'étranger avait envahi le sol de la patrie, pris Longwy et investi Verdun. Son plus grand désir était d'aller se mesurer avec l'ennemi, et de se sacrifier pour le salut de la République. L'occasion lui en fut bientôt offerte. Je vous dirai dans la prochaine veillée quelle conduite tint Hoche à l'armée du Nord et des Ardennes. Aujourd'hui je m'arrête, et vous laisse méditer les enseignements qui ressortent des premières années de la vie de notre illustre compatriote.

DEUXIÈME VEILLÉE.

Hoche à l'armée du Nord et de la Moselle.

Pierre Gérard, après s'être entretenu quelques
minutes avec les assistants des affaires de la
journée, reprit son récit :

— Mes amis, vous avez pu apprécier hier le
caractère moral de Hoche dans la rapide esquisse
que j'ai tracée de sa vie. Vous allez le voir maintenant aux prises avec les difficultés de sa nouvelle position, et toujours il sera à la hauteur des
circonstances, quelque périlleuses qu'elles
soient.

Hoche se rendit à son régiment, le 58ᵉ, alors à Thionville. Précédé de son excellente réputation, on lui fit le meilleur accueil. Les Prussiens assiégeaient la place, mais ils durent bientôt renoncer à leur entreprise. Dans les différentes attaques qu'il fallut repousser, Hoche fit des prodiges de valeur. Quittant la Lorraine, on l'envoya à l'armée des Ardennes, qui était sous les ordres du général Laveneur.

Hoche fut bientôt nommé capitaine.

L'armée des Ardennes occupait des cantonnements d'hiver le long de la rive droite de la Meuse, au-dessus de Liége. Dumouriez, alors en Hollande, avait laissé le commandement en chef de l'armée du Nord et des Ardennes au général Miranda. Cet officier donna ordre à l'armée des Ardennes de passer la Meuse à Vise, au-dessous de Liége, pour aller assiéger Maëstricht du côté de Vic, tandis que lui-même devait investir cette place avec l'armée du Nord. Le général Laveneur, à la tête des divisions françaises chargées d'attaquer la ville, manquait de fourrages et de provisions. Il a déjà remarqué Hoche, il le charge de parcourir le pays avec un régiment de hussards et de faire des approvisionnements. En deux jours, grâce à sa promptitude et à son intelligence, Hoche fournit l'armée de farine, de viande, de fourrages, et ce service ne se ralentit pas jusqu'à la déroute d'Aldenhowen, où nos troupes, surprises et attaquées par les Autrichiens, furent contraintes à quitter le siége de Maëstricht et à repasser la Meuse.

Pendant que nous opérons notre retraite, les Autrichiens poursuivent leurs avantages et se flattent de nous écraser. Les hussards ennemis se lançaient déjà sur nos derriéres ; les munitions, le trésor de l'armée, les canons, allaient tomber infailliblement aux mains de nos adversaires, quand Hoche arrête la marche du vainqueur, en soutenant un combat meurtrier ; il les maintient ;

et, tandis qu'il les occupe, il fait transporter de l'autre côté de la Meuse les ambulances, l'argent et l'artillerie française. Le général Laveneur combla d'éloges le jeune capitaine, qui avait fait preuve de talents si remarquables, et, comme récompense de sa belle conduite, il le prit dans son état-major et le nomma son aide de camp.

A la nouvelle de la défaite de ses troupes, Dumouriez accourut et reprit l'offensive; mais il fut battu à Nerwinde le 18 mars 1793.

Hoche prit une part active à tous les combats et partagea avec son général les dangers de la lutte. A Vertricht, à Blangen, partout il entraîne ses hommes par son intrépidité et par son audace. Sous Louvain, en avant de la Dyle, il se battit depuis quatre heures du matin jusqu'à sept heures du soir. Pendant que l'armée repasse la Dyle et qu'on vient de rompre les ponts en présence de l'ennemi, Hoche, à la tête d'une poignée de braves, lutte pied à pied et permet à l'armée du Nord d'exécuter sa retraite. Il rejoint ensuite le général Laveneur au camp de Maulde. Dumouriez, furieux de sa défaite, accusait les généraux placés sous ses ordres de l'avoir mal secondé, et le gouvernement de lui avoir fait engager la lutte avec des ressources insuffisantes.

Cet homme, oubliant les grands services qu'il avait rendus autrefois à son pays, ne recula pas devant une trahison. Il forma les projets les plus insensés et les plus coupables pour renverser le gouvernement et rétablir la monarchie, quand la Convention, avertie de ses trahisons, envoya cinq membres à l'armée du général, lui ordonnant de se rendre à Paris pour justifier sa conduite ou de donner sa démission. Vous savez ce qu'il en advint. Dumouriez fit saisir les cinq délégués de la nation, les livra aux Autrichiens, et passa lui-même à l'ennemi avec armes et bagages. Il fut reçu avec dédain et mépris, et alla terminer dans l'oubli une vie à jamais déshonorée.

La position était, comme vous le voyez, des plus périlleuses. L'armée, travaillée depuis long-temps déjà par les sourdes menées du traître, était agitée ; la route de Paris était laissée sans défense ; l'ennemi pouvait en quelques heures arriver sous les murs de la capitale. Le général Laveneur, comprenant tout le danger de la situation, envoya immédiatement à Paris l'homme dans lequel il avait le plus de confiance, son brave aide de camp, et le chargea de rapporter au Comité de Salut public ce qui se passait et de demander quelles mesures il convenait de prendre.

Hoche trouva Paris dans une agitation extraordinaire. Nous avons tous présents à l'esprit ces jours terribles où le Comité de Salut public emplissait les prisons de victimes, et où la lutte engagée entre les Montagnards et les Girondins devait se terminer par l'écrasement de ces derniers. Hoche remplit sa mission avec un tact parfait, refusant de se prêter aux rancunes des partis, et n'ayant devant lui qu'un but, le salut de la patrie et celui de l'armée, son rempart naturel. Son noble cœur fut cruellement déchiré à la vue de cette lutte féroce, qui lui fit dire dans une lettre à son général : « Le champ de bataille n'est pas sur la Meuse et le Rhin, entre les Autrichiens et nous ; il est ici dans la Convention, entre les hommes de la Gironde et ceux de la Montagne. »

Hoche exposa ses idées militaires au Comité, qui fut frappé de la variété de ses connaissances et de la profondeur de ses vues. Le jeune officier développa son plan, qui devait assurer le succès de nos troupes, et il accompagna sa démonstration de considérations remarquables, qui font autant l'éloge de son patriotisme que de ses talents. En voici quelques-unes, qui vous permettront de juger par vous-mêmes de l'exactitude de mes paroles :

« Nous ne faisons, disait Hoche, qu'une guerre

d'imitation, ou pour mieux dire, de bamboches ; nous n'avons aucun plan, nous ne nous arrêtons à aucune idée.... Nous cherchons les ennemis partout où ils se présentent ; et, sans chercher à pénétrer leurs desseins, nous donnons souvent dans les piéges qu'ils nous tendent.

« Eh ! pourquoi n'aller jamais qu'où nous conduisent les ennemis? Ne pouvons-nous nous occuper de ce que nous avons à faire, sans songer à eux?...

« Je l'ai dit, je l'ai écrit au Comité, il y a deux mois ; cessons de nous disséminer ; réunissons-nous en masse, et marchons fièrement à la victoire. Ne nous refroidissons plus, ne nous arrêtons plus que lorsque les coalisés seront terrassés....

« Ils ont manqué deux fois de l'être ; qu'à la troisième fois, ils n'échappent pas à la vengeance nationale. Point de considération particulière ; le salut de la patrie ne dépend point d'une bicoque. Réunissons deux masses; que l'une, de 60,000 hommes, se porte sur Tournay; l'autre, de 30,000, sur Ypres et Ostende.... Sortons de Lille et allons renouveler la scène de Fontenoy; et, dussions-nous nous y noyer, baignons-nous dans le sang des tyrans!...

« Il n'est point d'obstacles invincibles. Le Français, conduit par l'honneur et l'amour de la patrie, les surmontera tous....

« Marchons, marchons; il faut que la République n'attende pas l'an prochain pour être sauvée. »

C'est ainsi que sa belle âme se reflétait dans ses paroles comme dans ses actions.

Sa mission accomplie, Hoche rejoignit son armée avec le grade d'adjudant général (chef de bataillon) à l'armée du Nord, récompense de son héroïsme et de sa valeur (15 mai 1793). Mais, toujours modeste, Hoche ne voulut pas prendre ce titre; il se contenta d'être aide de camp du général Laveneur, qu'il aimait tendrement et qu'il appelait son père.

Celui-ci commandait l'armée du Nord, en l'absence de Custines. Il chargea son fidèle aide de camp de reconnaître le pays. Hoche le parcourut en trois jours, et rapporta de cette inspection rapide les observations les plus sagaces et les plus précieuses. Epuisé par tant de fatigues, il revenait au quartier général, quand il vit arriver une troupe de gendarmes, précédés de leur lieutenant, qui avait mission d'arrêter le général Laveneur. Hoche n'y tient plus ; il connaît son général pour le plus honnête comme pour le plus brave des hommes, il s'indigne contre l'iniquité d'un tel traitement, et, dans sa colère, il s'écrie : « Est-ce donc Pitt et Cobourg qui gouvernent maintenant la France? » Un des gendarmes exploita perfidement cette exclamation, et s'en vint accuser Hoche d'avoir dit « que Pitt et Cobourg gouverneraient bientôt la France. »

Vous comprenez, mes amis, tous les dangers qu'une telle accusation comportait, à cette heure où, sur une simple dénonciation, on montait sur l'échafaud. Hoche ignorait le péril qui le menaçait, et concentrait toute son attention sur l'étude du théâtre de la guerre. Averti par son génie de la tactique qu'il convenait de suivre, il confiait au papier les inspirations de son cerveau, et rédigeait ces mémoires militaires qui font l'admiration de tous les hommes de guerre.

Les généraux républicains s'usaient en Vendée, qui s'était révoltée contre le gouvernement de Paris. Hoche vit du premier coup d'œil le plan à suivre et préconisa l'emploi des colonnes mobiles. Dans un autre mémoire relatif à la guerre du Nord, il combattait l'usage des petits postes, et demandait des concentrations de forces permettant de frapper de grands coups.

« Ne rirait-on pas de pitié, disait-il, si l'on voyait le commandant d'un poste de cinquante hommes mettre tous les soldats en faction, de trente pas en trente pas, afin d'éviter une surprise?

« Je conviens qu'il ne sera pas attaqué sans le savoir; mais qu'une patrouille de vingt hommes marche sur la première sentinelle, à coup sûr, celle-ci sera égorgée ou mise en fuite, et ainsi des autres.... »

Plus loin, il recommande les concentrations de troupes :

« Plaçons-nous hardiment au centre des armées ennemies; plus forts réunis, que chacune d'elles séparées, de l'armée que nous aurons vaincue, nous marcherons à celle que nous irons vaincre.... Qu'un seul cri se fasse entendre : Aux armes! Examinons le courage de nos soldats; réunissons les bataillons épars, qu'ils connaissent leur force; exerçons-les souvent; que la cavalerie voie l'ennemi; que l'artillerie manœuvre tous les jours; marchons fièrement; point d'incertitude, et la victoire est à nous! »

C'est au milieu de ces travaux, de cet enthousiasme patriotique qui était l'essence de son caractère, que l'on vint apprendre à ce généreux
citoyen son arrestation. Hoche, avec tout le calme
d'une conscience pure, envoya à Couthon,
membre du Comité de Salut public, son dernier
mémoire. Jugez de la grandeur de ses sentiments
à la lecture des lignes que je vais vous lire :

« Ainsi que je vous l'ai promis, citoyen, je
vous fais passer mon travail ; il est sans doute le
fruit d'un patriotisme plus ardent qu'éclairé ;
mais pourriez-vous croire qu'il est d'un jeune
homme traduit devant le tribunal révolutionnaire?

« Quel que soit mon sort, que la patrie soit
sauvée, et je demeure content. Mais à chaque
instant le danger augmente ; ici chacun tremble
sans aviser aux mesures nécessaires, et je viens
vous prier d'ordonner qu'avant toute disposition,
lecture soit faite de mon travail.

« Vos généraux n'ont aucun plan ; il n'y a pas aujourd'hui parmi eux un homme capable de sauver la frontière. Je vous demande donc d'être entendu, soit au Comité, soit par les représentants près des armées.

« Qu'on me laisse travailler dans une chambre avec des cartes, les fers aux pieds, jusqu'à ce que les ennemis soient hors de France ; je suis sûr d'indiquer les moyens de les chasser avant six semaines ; après, on fera de moi ce qu'on voudra. »

Hoche s'était rendu à Douai pour se présenter devant le tribunal révolutionnaire qui le traduisait à sa barre. Le Comité de Salut public, ayant eu connaissance de la lettre que venait de recevoir Couthon, envoya aussitôt l'ordre d'élargir Hoche.

Mis en liberté, celui-ci se rendit immédiatement à l'armée du Nord, et reçut l'ordre de défendre Dunkerque, sous le commandement du général Souham, le 23 août 1793. Dix-huit mille Anglais, réunis à vingt-deux mille Autrichiens, menaçaient la place. Hoche, malgré la difficulté de l'entreprise, ne doute pas du succès. En tout cas, il assure que si le malheur voulait que l'ennemi fût vainqueur, la place serait brûlée. Il comprenait toute l'importance stratégique de Dunkerque, dont la perte entraînerait infailliblement celle de Bergues et de Gravelines. Il rétablit la discipline, sans laquelle le succès est impossible, écrit au commandant temporaire d'agir avec la plus grande vigueur, et stimule le courage des habitants. Il fait des proclamations pour exciter l'énergie des troupes, et adresse aux marins qui ont eu un moment de faiblesse la proclamation suivante :

Au quartier général, 1er septembre 1793.

« Enfants de la patrie, écoutez sa voix ! Qui donc a pu vous faire oublier ce que vous devez à la République? Vous lui devez votre sang, votre vie. Eh quoi! frappés d'une terreur panique, vous forcez vos chefs à déserter le poste de l'honneur! Ne vous souvenez-vous plus de la gloire qu'acquirent vos pères en défendant la ville de Dunkerque, ou n'êtes-vous pas disposés à faire pour votre liberté ce qu'ils firent pour un tyran?

« Rentrez dans le devoir; n'écoutez pas les malveillants; reprenez au plus tôt le poste que vous avez quitté; comptez sur la prudence du chef qui vous commande, vous n'avez rien à craindre. Et de quel œil vous verraient vos frères d'armes, qui nuit et jour font le coup de fusil, si vous entreprenez de les déshonorer?

« Je vous parle au nom de la République une et indivisible, que vous avez promis de maintenir, et je dois vous prévenir que dans le cas où vous résisteriez à l'ordre qu'elle vous donne de reprendre votre poste, le général qui commande la place est décidé à user de tous les moyens que la loi a mis en son pouvoir pour vous faire rentrer dans l'ordre.

« Songez à vos femmes, à vos enfants, et obéissez ! »

Les soldats frémissent à la lecture de ces paroles sublimes, et jurent de racheter leur faute par leur héroïsme. Ils tinrent parole.

Hoche harcèle l'ennemi, culbute ses avant-postes ; partout présent, donnant partout et toujours l'exemple, il voit enfin la récompense de ses efforts et de sa peine. Il écrit au citoyen Audoin, ministre de la guerre, et lui mande en quel état il a trouvé la ville, et comment, grâce à la bonne volonté de tous, elle est à même de se défendre vaillamment. Il parle d'abord de son voyage à Douai, de sa comparution devant le tribunal, et de l'acquittement qui le suivit.

« Je me transportai à mon poste et reçus ordre d'aller sur-le-champ m'enfermer dans Dunkerque ; ce que j'exécutai avec la plus vive satisfaction.

Cette place était absolument sans défense ; les troupes désorganisées et harassées de fatigues par le désordre qui régnait dans l'armée. Je suis arrivé ici avec le général de brigade Souham, qui est un vrai sans-culotte. Enfin, à force de travail, nous commençons à nous reconnaître. Pitt (le ministre anglais) avait ici ses gens. Des papiers incendiaires ont été répandus, des signaux donnés à la flotte ennemie, mouillée à trois quarts de lieue de la ville ; et les matelots, frappés d'une terreur panique, s'étaient insurgés. Les représentants du peuple Hentz et Duquesnoy, arrivés ici, firent chasser de la ville tous les étrangers et les gens suspects.... Souham fit une proclamation..., et j'écrivis aux matelots dans le style franc et courageux d'un républicain.... A l'heure où je vous écris, tout est rentré dans l'ordre nécessaire. Quelques arrestations faites à propos ont patriotisé les esprits. Les citoyens sont dans les bons principes ; ils veulent la République et paraissent

disposés à seconder nos efforts.... On nous promet des secours prompts et puissants; et tar-
dassent-ils quinze jours à arriver, dans l'état
où, à force de travail, la place se trouve actuellement, on peut les attendre. »

Le 6 septembre, il attaqua l'ennemi; mais,
mal secondé par un des officiers généraux, il fut
obligé de battre en retraite, tout en promettant à
ses soldats de recommencer le lendemain. Il tint
parole, et, après trois journées de combat, il finit
par débloquer Dunkerque et mettre en déroute
l'armée austro-anglaise.

Il voulait poursuivre l'avantage jusqu'au bout,
et détruire entièrement l'ennemi; mais, faute
d'ordres supérieurs, il fut obligé de rentrer dans
la place. Trois jours se passèrent, point d'ordres.
Hoche était furieux; il se mordait les doigts.
« Que faisons-nous ici? dit-il. Il n'en devrait
pas échapper un seul! » Mais, durant tout ce
temps, il ne resta pas inactif.

Les représentants du peuple Treilhard et Berlier, témoins de la valeur qu'il déploya, le nommèrent chef de brigade.

Pendant que l'adjoint Chasseloup expédiait le brevet de Hoche sous la dictée de Berlier, un chef d'escadron vint dénoncer le héros de Dunkerque. Celui-ci, brave et loyal, en butte à l'envie de gens haineux, avait eu le tort de trop dédaigner leur colère. A son arrivée à Dunkerque, il avait trouvé une armée démoralisée et une population hostile. Les représentants du peuple avaient prononcé la mise en accusation du commandant temporaire Hudry, qui avait commis des négligences coupables dans le service, et ils avaient chargé Hoche d'exécuter leur sentence. Hudry, furieux, avait, dans un temps où les dénonciations coûtaient souvent la tête à leurs victimes, adressé une accusation au Comité de Salut public. Hoche, averti de ce qui se passe, prend la plume et répond, dans une lettre magnifique, aux calomnies de son vil adversaire.

Au quartier général de Rosendall,
le 22 septembre de l'an II de la Répu-
blique française.

« Comme il n'y a de vil que les lâches calomniateurs et les fourbes, je ne rougirai pas de dire que mon père, après avoir, ainsi que moi, usé sa jeunesse au service de son pays, fut contraint, n'ayant pas de fortune, à accepter pour vivre une place de palefrenier, dans laquelle il s'enrichit si fort, que je jouis du doux plaisir de le nourrir dans sa vieillesse, des appointements que je reçois pour mes services.

« Mon père, qu'un misérable ose insulter à soixante-huit années, est grenadier. Qu'on écrive à la section de Paris sur laquelle il réside; elle certifiera qu'il est pauvre, mais patriote, et en état de terrasser l'efféminé qui prétend l'avilir....

« Citoyens, qui avez entendu la calomnie, écoutez la vérité.

« Avant seize ans, sans fortune ni état, je servais au régiment des gardes françaises. Je fus gradé par mes camarades, et ils me chargèrent de leurs affaires pendant la Révolution.

« Je suis si partisan des Capets, que je commandais l'avant-garde le 5 octobre, lorsque l'on fut chercher le dernier d'eux.

. . . .

« J'ai emporté l'estime de mes camarades ; mon dénonciateur n'est aimé d'aucun des siens. J'ai versé mon sang en défendant mon pays, et, pouvant rester à Paris, j'ai demandé à faire la guerre. Hudry a été contraint de marcher ; il l'a fait de force, ayant quitté le service pour entrer à l'Opéra.....

« Je ne crois point avoir besoin de certificats ; mon civisme est écrit sur mon front ; je lève les yeux comme un brave républicain, et ne me cache

point pour manifester mon opinion sur les per-
sonnes et les choses.

« On trouvera à la fin de ce mémoire un extrait
de ma correspondance avec Hudry, qui veut que
je ne sois républicain que depuis le 10 août 1792.
Je crois pouvoir assurer que beaucoup de nos
républicains d'aujourd'hui ne l'étaient point à
cette époque.

« C'est en combattant les ennemis de la République, comme je l'ai toujours fait, que j'obtien-
drai des certificats, et non en flagornant qui que
ce soit.

« J'aime à servir partout où sont les ennemis,
et je suis dénoncé par un homme qui n'a pu
supporter l'idée de quitter la ville et les dames de
Dunkerque.

« Si je suis accusé d'y mettre un peu de plai-
santerie, je répondrai que les républicains de
ma trempe, ceux qui préfèrent l'air pur et libre
des champs au méphitisme des villes, et la paille

des camps au damas de l'égoïsme, détestent comme ils le doivent les soldats colifichets.... »

Hoche gagna sa cause, à la confusion de son dénonciateur.

Le 3 septembre 1793, le Comité de Salut public le nomma général de brigade à l'armée du Nord.

Il protége Dunkerque, et met cette place, de première importance pour la France, à l'abri d'un nouveau blocus. Tant de fatigues ont épuisé ce généreux soldat. Il crache le sang et se voit forcé de prendre deux jours de repos, pendant lesquels il cherche les moyens de faire triompher sa patrie, et conçoit le projet hardi d'une descente en Angleterre.

« Depuis le commencement de la campagne, je n'ai cessé de croire que c'était chez eux qu'il fallait aller combattre les Anglais. Cinquante vieux bataillons, cinquante de nouvelles levées, douze à quinze escadrons, trois compagnies d'ar-

tillerie légère, quarante pièces de position ou de
siége, suffiront : il ne faut que de l'intrépidité
pour renverser Pitt.... Six mois de réflexions
m'ont confirmé dans la persuasion que la descente en Angleterre ne peut être considérée comme
une chimère. Un brave homme à la tête de quarante mille autres ferait bien du ravage dans ce
pays, et forcerait bientôt les tyrans coalisés à
nous demander la paix. Mais, dira-t-on, les
moyens de transport? Eh! hommes pusillanimes,
jusques à quand douterons-nous de nos forces?
Couvrez les mers de bâtiments de la marine mar-
chande; qu'ils soient armés en guerre, qu'ils
forment un pont des côtes de France à la superbe
Albion. Point de manœuvre, point d'art; du fer,
du feu, et du patriotisme. Si nous sommes atta-
qués dans la traversée, servons-nous de boulets
rouges.... Quelle règle de guerre veut-on suivre
avec des barbares qui nous combattent par le
poison, l'assassinat, l'incendie?... Je ne demande

ni place ni grade, je veux mettre le pied sur la terre de ces brigands politiques.... »

De Dunkerque, Hoche vola vers le nord-est de la France, pour dégager Wissembourg et Landau. Il trouva l'armée de la Moselle dans un état aussi critique qu'il avait trouvé l'armée du Nord. A des troupes bien disciplinées, bien vêtues, bien nourries, il n'avait à opposer que des soldats affaiblis par les privations et démoralisés par la misère. C'était pitié que de voir ces pauvres diables allant pieds nus par un froid intense, et se nourrissant d'herbes et de racines comme des animaux. Hoche avait le cœur navré. Il relève le moral de ses soldats par les bonnes paroles qu'il leur dit ; il leur rappelle les victoires des généraux républicains à Hondschoote et à Wattignies, et leur promet la victoire à leur tour. « Des patriotes tels que vous, s'ils sont disciplinés, n'ont qu'à entreprendre, leur dit-il. Nous sommes les derniers à vaincre, mais nous vaincrons ! »

Puis il leur montre le but humanitaire de la lutte entreprise par la République. En même temps il rétablit la discipline, réveille par son attitude et ses généreuses apostrophes l'énergie de ses troupes, et gagne leur âme par les soins paternels dont il les entoure. Il surveille de près les fournisseurs, réduit le personnel de l'administration et de la bureaucratie, qui est une plaie de la France. Aussi la flétrit-il avec une généreuse indignation.

« Voyez nos bureaux; ils sont toujours remplis de jeunes hommes de réquisition, bien poudrés et parfumés. Demandez-leur ce qu'ils font là, ils vous riront au nez. Eh! vils sybarites, insolents esclaves de nos vices, ne vous forcera-t-on pas un jour à vous charger d'un mousquet et à céder votre place à l'honnête père de famille, à l'indigent vertueux dont les enfants meurent de faim? »

Sur un mot, il juge les hommes, les fait sortir

des rangs, et, sans tenir compte de la hiérarchie
ou de l'âge, il refond les cadres de l'armée.
« C'est par le travail et la pratique des vertus que
nous devons sauver notre pays des vils satellites
des rois, » disait-il à ses officiers.

La patrie, c'est toujours le mot qu'il a dans le
cœur et à la bouche, et il en est la plus noble in-
carnation. Aussi, quand il rencontrait une âme
qui comprenait comme lui les sublimes dévoue-
ments, il l'entourait de son affection. Un lieutenant
avait fait insérer dans un journal qui s'imprimait
à l'armée la note suivante :

« Courage, confiance, défenseurs de la patrie.
Notre nouveau général m'a paru jeune comme la
Révolution, robuste comme le peuple. Il n'a pas
la vue myope comme celui qu'il vient de remplacer ; son regard est fier et étendu comme celui de
l'aigle ; nous serons conduits comme des Français
doivent l'être. »

Hoche lut ces lignes avec une émotion profonde ; il fit venir près de lui l'auteur de l'article et l'embrassa à plusieurs reprises, en lui disant :

« Ami, toi qui as lu dans un cœur brûlant pour la liberté et la gloire de sa patrie, tu m'as deviné ; fais-moi connaître ceux qui sont animés des mêmes sentiments que nous, ceux qui ne dissertent pas, mais qui se battent. Il faut que tout contribue à servir la République. »

Déjà Hoche voyait le résultat de ses efforts : la discipline était rétablie dans l'armée, la confiance rentrait dans le cœur des habitants qui lui prêtaient un concours dévoué. Mais l'organisation intérieure n'était pas la seule chose qui le préoccupât. L'ennemi était là, cherchant l'occasion de nous écraser une dernière fois. Les lignes de Wissembourg étaient occupées par les coalisés ; Mayence, Valenciennes et le Quesnoy étaient en leur pouvoir ; les frontières étaient ouvertes, un seul revers pouvait nous perdre. Il ne nous restait plus que le fort de Bitche pour préserver la Lorraine et l'Alsace d'un envahissement absolu. Déjà l'ennemi se glissait à la faveur de la nuit près de la citadelle défendue par un bataillon du Cher, composé de jeunes gens de la première réquisition. Les faubourgs étaient occupés quand le cri : Aux armes! l'ennemi est dans la ville! retentit de toutes parts. L'obscurité était complète. Comment distinguer les assaillants? Une maison en bois s'avançait du côté par où les Prussiens devaient être descendus. Le propriétaire offrit d'y mettre le feu. « Elle servira de flambeau pour nous éclairer, » dit ce généreux citoyen. Une flamme immense s'élève bientôt, qui laisse apercevoir sur la pente de la montagne les troupes prussiennes qui s'avançaient en masses serrées et silencieuses. La citadelle fait aussitôt feu de toutes parts et vomit la mort parmi les rangs ennemis. Ceux-ci s'enfuient en laissant des morts et des blessés en grand nombre : Bitche était sauvé.

Il s'agissait d'aller dégager la ligne des Vosges, de s'emparer de Kaiserslautern, point stratégique des plus importants, d'aller prendre à revers l'armée autrichienne, de la couper en deux, et de forcer, par ce fait, Wurmser, son général, d'évacuer Wissembourg et d'abandonner le siége de Landau. Ce plan, conception hardie des membres du Comité de Salut public, sourit à Hoche, qui se mit en mesure de l'exécuter. Il reçut en même temps une exhortation pressante des représentants du peuple :

« Général, il faut que dans dix jours il ne reste pas un ennemi pour reporter dans son pays des nouvelles de l'Alsace. C'est à toi de montrer si tu es capable d'un coup généreux. Enflamme ton armée; nous t'attendons à Landau.

« Nous nous y rendons nous-mêmes par Fort - Vauban.

« *Un des représentants du peuple à l'armée du Rhin,*

« SAINT-JUST. »

Débloquer Landau, tel était le plus cher désir de la République. Hoche rassembla ses troupes trop disséminées, les entretint dans des sentiments belliqueux par ses patriotiques harangues, et n'eut qu'à se louer de leur bon vouloir et de leur excellent esprit. Mais il avait du fil à retordre avec les officiers. « Les soldats ne demandent que la République et du pain. J'ai plus de mal avec les officiers, dit-il dans une de ses lettres. En général, il règne dans cette armée une *intriguaillerie* parmi les chefs qui désespère. Cependant les intrigants s'éclaircissent, et la machine se monte. Encore un moment, et elle marchera. »

Ce mauvais esprit, il le trouvait dans son collègue Pichegru, avec qui il devait combiner ses mouvements. Mais Pichegru était jaloux de son jeune rival, dont la gloire l'importunait; aussi agissait-il avec lenteur et mollesse. Hoche se voyait forcé de lui écrire :

« As-tu attaqué ou ne veux-tu plus m'envoyer de troupes? Quelle est donc la cause qui empêche tes bataillons de me rejoindre?

« Je dois te dire que mes troupes sont prêtes à attaquer aujourd'hui même; envoie-moi les tiennes en poste. »

Pichegru ne bougea pas. Plusieurs jours se passèrent sans réponse. Hoche brûlait d'impatience. Enfin, le 17 novembre 1793, il marcha seul contre Brunswick, lui tua sept cents hommes à Blis-Castel, l'obligea à battre en retraite et à se retirer dans Kaiserslautern. Brunswick était isolé, c'était le moment d'agir. L'ennemi était fortement retranché. Hoche n'en voulut pas moins livrer bataille.

Un coup de canon donna le signal de l'attaque. Hoche mit son chapeau au bout de son épée et s'élança à la tête de ses troupes, en criant : « Vive la République! » L'attaque est furieuse, la riposte opiniâtre. Hoche dirige tout avec calme,

et surveille ses lieutenants Ambert et Tapionnier,
qui attaquent l'ennemi de flanc. Pendant deux
jours on se bat avec acharnement; les munitions s'épuisent; en même temps l'ennemi reçoit des renforts sur le soir; il ne faut plus
compter sur la victoire. Hoche le comprend;
mais, ne pouvant se résigner à prononcer le mot
retraite, il fait battre « la marche rétrograde. »
Il se retire dans l'ordre le plus parfait, et dégoûte
l'ennemi de toute poursuite.

Après un moment d'humeur, les représentants
rendirent hommage à la bravoure du jeune général, et Carnot lui adressa ces éloges au nom du
Comité de Salut public :

« Un revers n'est pas un crime, lorsqu'on a
tout fait pour mériter la victoire. Ce n'est point
par les événements que nous jugeons les hommes,
mais par leurs efforts et leur courage. Nous ai-
mons qu'on ne désespère pas du salut de la pa-

trie. Notre confiance te reste. Rallie tes forces, marche, balaye les hordes royalistes. »

« Tu as pris un nouvel engagement envers la patrie, lui dit Saint-Just à son tour. Au lieu d'une victoire, il nous en faut deux pour débloquer Landau. »

Hoche remercie le représentant de la confiance qu'on veut bien lui accorder, et, dans une lettre au Comité de Salut public, il répond le 10 décembre :

« Si mon zèle avait pu s'attiédir, la lettre du Comité est bien faite pour le porter au plus haut degré. Il n'en était pas besoin, je suis trop attaché à la République et connais assez l'étendue de mes devoirs pour ne pas chercher toujours à m'en acquitter....

« Je suis loin de désespérer du salut de la patrie. Les Français veulent la liberté ; et tant qu'il restera quatre patriotes, ils suffiront pour inquiéter les tyrans. »

Hoche songea à reprendre une revanche éclatante. Il écrivit à Bouchotte, le ministre de la guerre :

« Si ma lettre d'hier a dû t'étonner, elle ne doit point t'effrayer. Dans cinq jours, je fais passer à Pichegru douze à quinze mille hommes, et vais occuper des points en avant de Deux-Ponts, que je ferai retrancher. J'espère que ma première ne sera pas aussi malheureuse que celle d'hier.

« Les ennemis ont fait grande réjouissance ce matin ; ils me reverront sous peu et de bien près.

« A n'en pas douter, leur poudre est supérieure à la nôtre. Leurs balles tombaient à nos pieds, et à peine nos obus allaient à la même distance. Il y a quelque chose de singulier là-dessous. »

Mais il avait à lutter contre le mauvais vouloir de Pichegru et contre la protection que ce dernier avait rencontrée auprès des représentants Saint-Just et Le Bas, envoyés à l'armée du Rhin avec des pouvoirs extraordinaires. Il est vrai que le brave Hoche était soutenu de son côté par deux personnages tout-puissants, les citoyens Lacoste et Baudot, envoyés à l'armée de la Moselle avec des pouvoirs illimités. De là une guerre sourde, des correspondances amères. En outre, Hoche avait dans la personne de Carnot un adversaire redoutable. Celui-ci s'irritait du silence de Hoche sur les dispositions militaires qu'il avait prises pour la fin de la campagne. Mais notre jeune général, qui attribuait en partie à des indiscrétions l'échec de Kaiserslautern, gardait le plus grand secret sur ses plans de bataille.

Refoulant dans son cœur toutes les tristes pensées qui l'occupaient, Hoche prit toutes les mesures nécessaires pour agir vigoureusement. Il était partout, veillait à tout, remontait le moral et l'énergie des uns, montrait aux autres la perspective d'une victoire prochaine, et ne prenait aucun repos, qu'il regardait comme « la rouille du courage. » Il supprima les tentes, comme embarrassantes à la guerre et indignes des soldats républicains. Les régiments, au cœur de l'hiver, bivouaquaient ainsi en plein air. Quelques-uns murmurent, Hoche se précipite au-devant des mécontents. « Vous n'aurez pas l'honneur, dit-il, de prendre part au premier combat. »

L'effet de ces paroles sévères fut tel qu'il devait l'attendre de la part d'hommes égarés un instant par la souffrance ; ils supplient leur général de révoquer l'ordre qu'il vient de donner, leur bravoure expiera leur faute ; ils demandent d'être placés à l'avant-garde. Hoche accéda à leur demande et eut tout lieu de se trouver satisfait ; car ils se battirent comme des héros.

Par d'habiles contre-marches, il trompa l'ennemi. Il veillait à tout, il recevait lui-même toutes les ordonnances qui arrivaient à son quartier général, et restait impénétrable pour tous ceux qui l'entouraient. « Si je pensais, disait-il, que mon bonnet connût mes plans, je le jetterais au feu. » En même temps il faisait construire secrètement des ponts de bois pour remplacer ceux qu'il avait fait rompre. Craignant que Landau ne se laissât aller au désespoir, il fait placer de fortes pièces sur les points les plus élevés des environs de Blis-Castel, et, pendant la nuit, il fa't tirer des coups de canon à intervalles réglés, pour faire savoir à la ville que l'on vient à son secours.

Hoche envoyait messages sur messages à Pichegru, qui restait sourd à ses demandes. Hoche était navré et furieux à la fois. Ses soldats allaient pieds nus, sans pain, dans la plus affreuse misère. Notre général les soutenait le mieux qu'il pouvait par ses bonnes paroles. Puis, avant que le découragement ne se soit emparé d'eux, il prend ses dispositions de combat, tombe sur l'Autrichien, lui livre combat dans les plaines de Wissembourg, le culbute sous le feu de ses batteries, et met ses pièces à l'encan. « Camarades, à 600 livres la pièce ! — Adjugez, répondent ses braves, qui s'élancent en avant, tuant tout, hommes et chevaux, et s'emparent des pièces. Ce succès facilite la jonction de son armée avec celle de Pichegru. Hoche était plein de joie. « Nous voilà donc réunis ! » dit-il à Pichegru en l'embrassant. Celui-ci, rongé par l'envie, répondit à peine.

Maintenant que la jonction était faite, l'unité dans le commandement était devenue indispensable. Qui sera le général en chef? Saint-Just et Le Bas étaient pour Pichegru. « C'est Hoche qu'il faut absolument, » dirent Lacoste et Baudot, et ils l'emportèrent.

Hoche fut nommé général en chef des armées de la Moselle et du Rhin. Pichegru n'était plus que son lieutenant. Hoche avait hâte d'en finir le plus tôt possible. Il se précipite sur les lignes de Wissembourg, que défendaient les Autrichiens et les émigrés commandés par Condé; il attaque

brusquement ces lignes et les enlève. L'ennemi
s'enfuit, abandonnant ses magasins et ses hôpi-
taux. « Les coalisés, s'écrie-t-il, Kalkreutz,
Brunswick, Clairfait, Hohenlohe, Condé, Bour-
bon, Enghien, s'en sont allés sans donner d'ordre.
Travaillons à les achever. »

Wurmser passa le Rhin, tandis que les Prussiens se repliaient sur Mayence. Landau allait être
libre.

Le 26 décembre 1793, toute l'armée s'ébranla au
cri de : « Landau ou la mort ! » renversa tout sur
son passage, chassa l'ennemi qui fuyait de toutes
parts, et entra victorieuse dans la place, aux ac-
clamations générales. « Liberté ! écrivit aussitôt
Hoche au Comité de Salut public, Landau est
enfin délivré.... Les braves défenseurs de la patrie sont toujours de la plus grande constance,
malgré la rigueur de la saison. Mais que ne fait-
on pas pour son pays ! On veut tirer le canon en
réjouissance. Mais il est inutile.... Notre poudre

ne doit servir que pour vaincre les ennemis. »

Pendant ces événements, que faisait Pichegru? Vous allez pouvoir juger l'homme tout entier. Pichegru était resté spectateur tranquille de la bataille gagnée par son illustre rival. Il accourut à cheval dans la ville, et rédigea, sous les yeux de Saint-Just et de Le Bas, un rapport dans lequel il s'attribuait tout l'honneur de la journée. Barrère, après avoir lu ce rapport, s'élança à la tribune de la Convention et s'écria que « l'armée s'était constituée en victoire permanente. » Quant au héros à qui revenait tout l'honneur de la journée, quant à l'illustre et magnanime Hoche, pas un mot, pas un seul mot! Indigné de ce déni de justice, le noble soldat écrivit aussitôt au Comité de Salut public l'admirable lettre suivante :

Au Comité de Salut public.

19 nivôse an II.

« La vérité digne d'être connue des fondateurs de la République n'est belle qu'étant nue. Elle doit alors fixer tous les regards. Pour la faire connaître au Comité de Salut public, je lui adresse les pièces ci-jointes, et l'invite, le supplie de se faire représenter mes registres d'ordre et de correspondance, et ceux du citoyen Pichegru, afin que celui qui commandait à Freischeviller soit connu, ainsi que le même qui commandait à Werdt, à la bataille de Sultz, à la bataille de Wissembourg et à la reprise des lignes; qui a ordonné la prise de Lauterbourg, celle de Germersheim, Spire et Worms, la marche sur Landau, l'attaque des gorges d'Amvillers, la marche sur Kaiserslautern, celle sur Creutznach.

« Les mêmes registres feront connaître les différents projets; car il n'est pas tel petit général qui n'ait les siens. Que m'importe à moi, qui ne veux que battre les ennemis et retourner ensuite dans mes foyers, que mon nom soit ou non dans les gazettes ! Elles seront toujours assez remplies d'autres choses. Mais j'enrage quand je vois tout le monde trompé par des bougres qui ne valent pas six sols, et qui veulent se faire valoir. »

En même temps il adressait à ses camarades blessés pendant la lutte l'ordre du jour suivant :

Le citoyen L. Hoche, commandant l'armée de la Moselle et du Rhin, à ses frères d'armes blessés.

> Au quartier général de l'armée de
> la Moselle et du Rhin, à Landau,
> 10 nivôse an III.

« Vos efforts n'ont pas été vains, mes chers camarades : Landau est libre et les esclaves des tyrans fuient à toutes jambes ! Si, moins heureux que vos frères d'armes, vous avez été blessés, voyez devant vous la liberté et l'égalité ; voyez vos pères, vos mères, vos parents, verser le baume de la consolation sur vos honorables blessures et vous rendre grâce du bienfait que vous leur aurez conservé ! J'ose le dire avec vous, il est consolant d'avoir versé son sang pour la patrie ; c'est pour nous, c'est pour nos amis qu'il a coulé. Ah ! les esclaves ne peuvent en dire autant; ils n'ont pas une mère commune qui sera reconnaissante, puisque c'est au nom des tyrans, c'est contre l'humanité qu'ils dirigeaient leurs armes.

« Guérissez-vous vite, camarades, et nous retournerons ensemble exterminer jusqu'au dernier tous ceux qui ne crieront pas avec nous : Vive la République une et indivisible ! »

Hoche attendait toujours que le Comité lui rendît justice. Mais celui-ci resta sourd aux réclamations de notre héros, et, bien loin de lui témoigner son admiration pour une campagne aussi magnifique, il ne songeait qu'à le perdre et n'attendait que l'occasion. Et pourtant il connaissait fort bien Pichegru. Les représentants Lacoste et Baudot lui avaient fait, dans la note suivante, le portrait des deux rivaux :

« Vous dites, citoyens collègues, dans votre dernière lettre, que le général Pichegru est actif et intelligent. On n'est pas actif quand on ne con-

naît pas les positions de l'armée que l'on commande. Pichegru n'était connu que dans son
quartier général, qui était toujours à quatre lieues
au moins des camps de l'armée.

« On n'est pas intelligent quand on ne peut
rendre compte d'aucuns plans, quand on est de
l'avis de tout le monde, et quand on donne dans
le même jour et au même instant des ordres con-
tradictoires. Pichegru est patriote, mais patriote
froid et inanimé ; sa présence éteint l'ardeur du
soldat, au lieu de l'enflammer.

« Il ne suffit pas de voir un général pour le
juger, il faut encore voir toute l'armée qu'il commande et le considérer sous tous les rapports.
C'est ce que nous avons fait ; et nous disons, avec
preuves en mains, qu'il est inhabile à un commandement général.

« Hoche a du mérite. *Avec moins d'amour de la
gloire, il en aurait davantage encore. Il sera un
jour un grand général, si l'amour-propre des autres*

lui en donne le temps et s'il vient lui-même à mieux connaître la mesure du gouvernement.

« En ce moment, il continue ses opérations suivant les nouveaux pouvoirs qui lui ont été donnés par tous les représentants du peuple qui étaient à Landau.... »

Le Comité de Salut public semblait d'ailleurs pris de vertige; il était dans l'ivresse du sang. Toutes les plus nobles têtes étaient alors victimes de sa rage. L'échafaud en permanence immolait successivement le roi, que la constitution avait déclaré inviolable, la reine, Roland, Malesherbes, et les camarades mêmes de Hoche, Biron, Custines, Houchard, le vainqueur de Hondschoote, et d'autres dont vous connaissez les noms.

Hoche s'attendait d'un jour à l'autre à suivre ses camarades devant le terrible tribunal; il aurait pu refuser d'être plus longtemps à la merci de véritables tyrans; mais il sentait qu'il pouvait encore être utile à cette patrie qu'il aimait de toute son âme. Aussi sa résolution était-elle bien prise. Comme vous l'a dit notre maire vénéré, M. Barnin, Hoche, grand général, illustre administrateur, était surtout et avant tout un honnête homme ; il comprenait que son devoir était de rester à son poste ; il voyait que la patrie avait encore besoin de son dévouement et de son bras, il resta. Mais son noble cœur était navré. Tant d'ingratitude le jetait dans une tristesse profonde. Il sentait bien qu'une main invisible cherchait à l'étreindre et à le briser, il avait fait le sacrifice de sa vie, et, dans son affliction, il écrivit à son ami Dulac ces lignes douloureuses, qui peignent l'état de son âme et l'abattement dans lequel il était plongé :

« Les cartes que tu m'annonces me serviront-elles? Je l'ignore, mon ami. Abreuvé de dégoûts, ce n'est plus l'homme que tu as connu qui t'écrit ; c'est un malheureux qui se fuit lui-même et qui ne peut trouver nulle part le repos.... Je désire

qu'une démission que je vais présenter inces-
samment soit acceptée sans aigreur, comme elle
sera donnée. Ardent ami de la Révolution, j'ai
cru qu'elle changerait les mœurs. Hélas! l'intrigue est toujours l'intrigue, et malheur à qui n'a
pas de protecteurs! Tiré des rangs par je ne sais
qui ni pourquoi, j'y rentrerai comme j'en suis
sorti, sans plaisir ni peine.... C'est assez t'entretenir de mes misères.... J'envie ton sort. »

Pichegru poursuivait sous main son œuvre per-
fide. Oui, il est bien vrai de dire qu'il n'est rien
de plus terrible que la vanité blessée. Telle était
la noblesse des sentiments de Hoche, que devant
la malveillance du Comité de Salut public, devant les calomnies que l'on répandait sur lui, il
vint à se demander s'il n'était pas coupable de
quelque faute grave, s'il n'avait rien à se repro-
cher, et si, à son insu, il n'avait pas démérité de
l'estime publique. Préoccupé par cette pensée, il
fit venir près de lui son adjudant général Chas-

seloup, à qui il portait la plus vive amitié. « Je suis jeune, lui dit-il, avec l'expression de la plus vive douleur ; je te conjure de me prouver que tu es un honnête homme, en m'avertissant des fautes que je pourrais commettre et en me disant toujours la vérité. » Puis il causa quelques instants sur les événements qui venaient de se passer, et dit à son ami qu'il le chargeait de présenter sa justification devant le terrible Comité.

C'est au milieu de ces amertumes que le général Hoche reçut l'ordre de quitter sa chère armée de la Moselle et du Rhin et de se rendre immédiatement à l'armée d'Italie. Avant de quitter ses soldats, qu'il regardait comme ses enfants, il leur fit ses adieux et leur recommanda de toujours aimer leur mère commune, la patrie. Il résuma ses conseils dans l'ordre suivant qu'il leur adressa :

« A L'ARMÉE !

« Le service de la République, citoyens, notre

mère commune, m'appelle ailleurs. Continuez à bien mériter d'elle, comme vous avez fait jusqu'à ce jour. Le nom du nouveau chef que vous avez (Jourdan) a déjà frappé votre oreille. Avec lui, vous ne pouvez, braves camarades, qu'anéantir les tyrans coalisés contre notre sainte liberté. Vive à jamais la République une et indivisible! »

Jourdan était en même temps averti, le 10 mars 1794, par le ministre de la guerre, qu'il allait succéder à Hoche dans le commandement de l'armée de la Moselle et du Rhin.

Le ministre de la guerre au général de division Jourdan, à Limoges.

20 ventôse an II.

« Citoyen,

« Le Comité de Salut public, n'ayant cessé de compter sur ton patriotisme et ton dévouement à la cause du peuple, a arrêté que tu commanderais en chef l'armée de la Moselle. Le conseil exécutif

t'a, en conséquence, fait expédier les pouvoirs
nécessaires. Tu voudras bien te conformer à leurs
intentions et te rendre le plus tôt possible à Bouzonville, quartier général de cette armée, en prenant les derniers ordres du Comité avant ton départ. Les sans-culottes espèrent que tu te
montreras en bon frère, et que tu feras pour la
liberté tout ce que te commande ton attachement
à tes concitoyens. Salut et fraternité.

> « J. BOUCHOTTE. »

Hoche obéit à l'ordre qui lui avait été donné,
et rejoignit sa nouvelle armée. A son arrivée à
Nice, on lui fit un accueil enthousiaste. Le soir,
on lui offrit un banquet, à la fin duquel on but à
la santé du nouveau général, dont le nom avait
précédé la venue ; on but à la continuation de ses
succès et à sa gloire. Hoche répondit à ces
souhaits et rentra dans sa tente pour prendre un
peu de repos. Il fut bientôt rejoint par un des

convives de la veille, par le vieux général Dumerbion. Hoche lui souhaita la bienvenue, et lui demanda la cause de sa visite. Celui-ci répondit avec embarras, puis, tirant un papier de sa poche, il lut d'une voix rude :

« Le Comité de Salut public arrête que l'expédition d'Oneille, qui devait être faite par le général Hoche, sera confiée au citoyen Guillaume Petit, général à l'armée des Alpes, auquel il sera donné des ordres à cet effet. Les représentants du peuple près l'armée d'Italie feront mettre sans délai le général Hoche en état d'arrestation et l'enverront à Paris sous bonne et sûre garde.

Signé : CARNOT, COLLOT-D'HERBOIS. »

Hoche, sans dire un seul mot, remit son épée à son interlocuteur. Il était prisonnier.

— Quelle infamie! s'écria l'un des assistants, et quel effet désastreux devaient avoir dans l'armée de tels procédés!

— Sans doute, reprit Pierre, jamais dévouement ne fut payé d'une plus noire ingratitude. Mais c'est justement dans ces circonstances pénibles que le général Hoche montra la grandeur de ses sentiments et son respect absolu à la discipline. Ses officiers, en apprenant le coup qui frappait leur chef bien-aimé, s'indignaient de la conduite du Comité, et engageaient Hoche à prendre la fuite. Celui-ci, calme, leur répondait avec bonté, et, nouveau Socrate, il les consolait par ses bonnes et affectueuses paroles.

Pierre Gérard s'arrêta, cherchant à dissimuler son émotion. La veillée s'était prolongée plus longtemps que d'ordinaire ; il remit la suite de son récit au lendemain.

TROISIÈME VEILLÉE.

Hoche en prison. — Armée de Cherbourg et de Brest. — Guerre civile de la Vendée.

Comme je vous le disais hier, mes amis, Hoche,
l'illustre soldat qui avait, en sauvant Landau,
arrêté l'invasion de la patrie, fut ramené brutalement à Paris, « sous bonne et sûre garde. »

Avant de partir, il demanda la permission
d'écrire à sa femme. Il n'y avait pas un mois, en
effet, qu'il était marié. Il avait remarqué à Thionville une jeune fille dont l'air modeste et candide
l'avait frappé. Sans s'occuper de sa position de
fortune, il avait songé à en faire sa femme. Il
l'avait fait demander aussitôt à sa famille par un
de ses camarades qui en était connu. La lettre

qu'il écrivit à ce sujet à cet ami est de tous points remarquable, et je ne puis résister au plaisir de vous la citer tout entière. Mieux que tout ce que je pourrais vous dire sur son auteur, elle le peint d'une façon parfaite, et le montre comme un des plus honnêtes gens qui aient jamais été. La voici :

Au quartier général de l'armée de la
Moselle à Bouzonville, 28 pluviôse
an II de la République.

« Ne l'oublie pas, mon cher Privat ; j'ai besoin de tenir à quelqu'un. Je demande le cœur, et point de richesses ; cela doit te servir de base pour la conduite à tenir. La femme que j'aurai peut être assurée qu'il ne lui manquera que ce qu'elle ne demandera point. Le général Hoche ne manquerait point de femme, tu le crois sans peine ; mais le républicain Hoche tient trop aux principes de la nature pour forcer jamais les inclinations d'une personne destinée à faire son bonheur. »

Prévenu des projets du général, Déchaux, le père de la jeune fille, vint le trouver, et alors s'engagea entre eux cette conversation charmante, que je vous rapporte dans toute sa naïveté :

DECHAUX. — L'honneur que vous voulez nous faire est au-dessus de ce que ma femme et moi nous pouvions espérer. Notre fille n'est point faite pour un général ; elle est destinée pour un volontaire, un lieutenant, ou tout au plus un capitaine.

HOCHE. — Je suis général républicain ; j'étais sergent il y a quatre ans.

DECHAUX. — La manière honorable dont nous vivons peut faire croire que nous avons plus de fortune que nous n'en avons véritablement.

HOCHE. — Vous me faites outrage ; ce n'est point une dot, c'est une femme que je veux épouser.

DECHAUX. — Pardonnez, citoyen général, les

observations que je vais vous faire : il est d'u-
sage, quand un mari se présente, que les parents
de la fille qu'il demande prennent des informations.

Hoche. — Les informations seront courtes et
simples. Elles vous apprendront que je suis né à
Versailles, que mon père vit encore et demeure à
Paris. Je m'appelle Lazare Hoche, soldat dès l'âge
de seize ans.

Dechaux. — Mais ma fille est bien jeune : pas
encore quinze ans.

Hoche. — Je veux une âme neuve, que je
puisse former moi-même ; votre fille réunit toutes
les qualités que je recherche ; je conclus, citoyen Déchaux, de toutes vos observations, que je
serai votre gendre.

Dechaux. — Citoyen général, vous avez pris
d'assaut votre beau-père.

Ravi d'avoir reçu l'assentiment de ce brave
homme, Hoche écrivit à sa jeune fiancée ces

lignes pleines de délicatesse et d'un charme pénétrant :

« Ne voyez en moi qu'un simple citoyen ; qu'un nom trop prôné par les gazettes ne vous fasse point désirer de devenir l'épouse d'un homme dont l'unique ambition est de vous rendre heureuse.

« Il en est temps encore. Si quelque objet avait pu vous frapper, un mot, je retire ma parole, me borne à rester votre ami et ne désire plus que votre estime. Faites librement cette confidence à un homme assez généreux et juste pour ne se plaindre que du sort.

« Si, au contraire, votre cœur n'a pas encore été touché, accordez-le à mon amour ; en devenant mon épouse, devenez mon ami. Ne jurons point, promettons à la face de l'Etre créateur de ne jamais nous séparer.

« Je ne mentis jamais, votre candeur me répondra de votre sincérité.... »

Quelle jeune fille aurait pu résister à un langage aussi pur et aussi noble, et aurait refusé de se joindre à un homme dont la gloire égalait la modestie? Hoche épousa la jeune Déchaux; et, un mois après, il s'apprêtait à comparaître devant le tribunal révolutionnaire qui, d'un mot, pouvait briser à jamais son bonheur.

Arrivé à **Paris**, Hoche demanda aussitôt à voir les membres du Comité de Salut public; il voulait savoir quels étaient les griefs qu'on avait contre lui, et avait hâte de se justifier. Rencontrant Saint-Just, il lui dit quelle était sa position et réclama qu'on lui fît justice. « On vous fera tout à l'heure celle que vous méritez, » répondit brutalement le proconsul; puis, tournant le dos à l'infortuné général, il donna ordre aux gendarmes de mener leur prisonnier aux Carmes. Il y resta cinq semaines. Il fut transféré ensuite à la Conciergerie. Son cœur était déchiré par les plus cruelles angoisses, mais son visage était

calme, et sa parole toujours douce et bienveil-
lante. Il s'attendait à chaque instant à monter
dans l'ignoble charrette qui charriait les victimes
de la prison à l'échafaud; et au milieu de la
douleur générale, il montrait une sérénité stoïque
qu'il puisait dans sa conscience pure. Il avait
même assez d'empire sur lui-même pour travailler et pour lire.

A la Conciergerie, il avait comme compagnon
un poëte qui le suppliait depuis longtemps d'é-
couter la lecture d'une tragédie. Par complai-
sance, Hoche consentit à l'entendre; mais l'ennui
le gagne, et, la fatigue aidant, il s'endort.
L'autre de le réveiller, de poursuivre sa lecture
avec acharnement, et de demander ensuite l'opinion de sa victime. « Je pense, lui répondit froi-
dement Hoche, que vous êtes placé ici par le
Comité de Salut public pour avancer mon supplice par le supplice de l'ennui. »

Dans sa prison, il observait curieusement ce

qui l'entourait. Il était mêlé à des nobles, à des
aristocrates, à des prêtres insermentés ; mais,
devant le malheur commun, les dissentiments
d'opinion s'étaient éteints. Hoche, d'ailleurs,
était essentiellement un galant homme, bon,
serviable, humain, avec une légère teinte de
misanthropie. Il voyait les ridicules et les jugeait
avec un esprit plein de finesse. Sous prétexte de
raconter un rêve, il donne libre cours à sa verve
railleuse ; il n'est plus tenu à aucune réticence,
c'est un rêve ; aussi écoutez cette fine raillerie :

« Remarquez-vous, dit un grand homme sec
qui se trouvait à mes côtés, la dame que vous
voyez tricoter à la gauche de madame L..., avec
l'air le plus doux et le plus affable, le son de voix
le plus enchanteur ? Elle est la fille d'un roturier
estimable, qui l'eût été davantage, si, par la sot-
tise de l'éducation qu'il souffrit qu'on donnât à
son enfant, elle n'était pas devenue un modèle
de ridicule. Vous en serez amoureux si elle vous

lance un regard, et lui tournerez le dos si elle entreprend de vous parler des gens comme il faut. Elle a été bonne mère, bonne épouse, mais toujours dédaigneuse amie ; elle eût pu faire une citoyenne estimable ; mais....

« On n'a pas plus l'air de la bonne compagnie que la citoyenne F.... Elle dessine et peint passablement ; elle peut être aimable ; les dégoûts d'un premier mariage l'empêcheront d'en contracter un second. Elle joue la *petite santé*, et voudrait qu'on la crût accomplie ; mais elle fait des mines ; sa tournure, qu'elle s'efforce de rendre voluptueuse, n'est que nonchalante ; du reste, elle a un jugement passable des bonnes choses ; il est fâcheux qu'elle soit détenue, elle ferait les délices d'un rentier.

« Sophie, qui vient ensuite, est une bonne grosse fille, qui ne sait trop comment se tenir : aussi marche-t-elle en tricotant du matin au soir. Elle a le teint plus éclatant que sa sœur, et est moins réfléchie, quoiqu'elle ait la vue basse ; elle aurait été bonne mercière....

« Des trois femmes qui forment le cercle, l'une est une bonne mère, que la tendresse pour son fils a conduite ici ; la seconde mange comme la troisième parle, c'est-à-dire autant que quatre.

« Revenez ici tous les jours, vous verrez le cercle tel qu'il est maintenant. A voir ces femmes, vous les croiriez parfaitement unies ; point du tout : la nature est ici ce que vous l'avez connue ailleurs ; partout elle se ressemble. Partout les ânes doivent braire et les femmes médire les unes des autres.... Il est fâcheux que vous ne puissiez entendre les conversations de ces dames ; elles édifieraient, tant sont jolis les principes qu'elles professent.

« L'une, fille d'un commissaire qui lui fit une dot de 100,000 livres, a été dénoncée par son époux, président du club de leur ville, pour avoir, par les conseils d'un prêtre réfractaire, médité un

divorce tendant à faire remettre les 100,000 livres.
Elle ne veut absolument parler qu'à des nobles.
Attendez trois heures, vous la verrez s'entretenir
avec un laquais, qu'elle croit capitaine de cavalerie et émigré.

« La voisine a eu onze enfants, dont neuf vivent
et sont en bas âge ; elle est ici pour avoir voulu
dignement soutenir le nom de son époux qui sert
sous Condé....

« Comment, m'écriai-je, la vanité peut-elle
entrer ainsi dans la tête d'une mère de famille ?
Elle oublie ses enfants pour obtenir de vains
noms. O Père de la nature, nous fis-tu différents
les uns des autres ? et pourquoi nous formes-tu
avec des cœurs si vils ?...

« Oh ! répliqua la personne qui entendait ma
sotte exclamation, ne vous y trompez pas : les
préjugés sont enfants de l'erreur, et non de la
nature.

« Poursuivons. Vous voyez ces deux femmes

qui viennent de s'accabler de politesses ; elles ne se sont vues qu'ici ; connaissant leurs noms réciproques, elles sont devenues amies inséparables ; et comme leur cas est des plus graves, elles font retentir ces sombres voûtes de phrases qui assurent qu'elles veulent, ne pouvant faire autrement, aller à l'échafaud pour le roi et la religion de leurs pères.

« Chacun sait pourtant qu'elles étaient, lors de l'existence de l'un et de l'autre, légères et esprits forts, jusqu'au scandale de leur sexe.

« Les trois autres sont deux conseillères et une baillive, qui invectivent la terre et les cieux d'avoir perdu et leurs terres et leurs gens. »

C'est ainsi que Hoche passait le temps, domptant le malheur, et cherchant dans la lecture de ses auteurs favoris un adoucissement à ses peines. Seule, la pensée de sa jeune femme, séparée de lui, le torturait cruellement ; il lui envoyait les lettres les plus tendres et les plus affectueuses.

« Pourquoi, lui disait-il, un hasard funeste m'a-t-il placé sur ton chemin? Si je ne t'avais pas rencontrée, tu serais heureuse au sein d'une famille honorable. Pardonne-moi, je ne savais pas ce que je t'apportais de tourments et d'ennuis. »

« Ne te laisse pas abattre, lui disait-il dans une autre lettre; sois ma digne épouse par le courage; tu le dois à mon amour, à tes parents, à ta patrie : ce n'est pas elle qui est ingrate. »

Ces nobles paroles trouvaient un écho dans le cœur de la jeune femme, qui supportait son malheur avec une dignité touchante.

Hoche sortit enfin de prison; et comme il franchissait le seuil de la Conciergerie, il vit, conduit entre deux gendarmes, le farouche Saint-Just, pâle, livide, et baissant la tête devant l'homme qu'il avait si cruellement raillé quatre mois auparavant. « Tu triomphes, dit-il à Hoche. — Non, reprit ce dernier, je ne me réjouis point de ta perte, j'admire seulement l'inconstance de la fortune. »

Hoche, une fois libre, courut embrasser sa femme, et envoya ses remercîments au brave représentant Lacoste, son ami, qui s'était employé de tout son pouvoir pour le sauver.

« Je ne puis me plaindre de mes malheurs, lui écrit Hoche, puisqu'ils m'ont appris à connaître quel ami j'avais en toi, toi, mon libérateur. »

Douze jours après sa sortie de prison, Hoche reçut du Comité de Salut public le commandement de l'armée des côtes de Cherbourg. C'était des concitoyens qu'il fallait combattre. Hoche soupira profondément.

« Que ceux qui se battent tous les jours contre les Prussiens sont heureux! » s'écria-t-il.

Vous savez, en effet, à quoi je veux faire allusion, mes amis : à cette guerre funeste qui est une tache de sang dans notre histoire, à la guerre vendéenne. Ce mot vous rappelle des souvenirs bien douloureux, et ravive des plaies qui tarderont longtemps encore à se fermer dans les cœurs patriotes. Funestes discordes, où le sang coula à flots. Aussi me contenterai-je de vous remémorer rapidement les faits et de vous montrer quel était l'état de la province, quand Hoche fut envoyé pour la pacifier.

Les populations de la Vendée, de l'Anjou et du Maine, vivaient dans une ignorance absolue ; ils en étaient arrivés au point de trouver toute naturelle leur situation misérable, et ils entouraient de leur vénération le roi, dont ils connaissaient la bonté et dont ils rappelaient l'honorable parole : « Il n'y a que moi et M. Turgot qui aimions le peuple ! » Le pays, montueux, boisé, sans commerce et sans routes, était l'image la plus exacte de leur nature inculte. Chez eux, les idées libérales qui s'étaient propagées par toute la France n'avaient point eu accès. Indisposés par les actes souvent rigoureux du gouvernement qui s'était substitué au pouvoir royal, ils accueillaient tous les décrets de la République avec une hostilité farouche.

Cette hostilité se changea en véritable insurrection, quand il fallut répondre à l'appel de la patrie, menacée par l'étranger. Ils comprenaient mal encore le sens de ce mot : la solidarité. La patrie, pour eux, était la province qu'ils habitaient ; et quand on venait leur dire : « Mais, malheureux, votre devoir est de défendre votre mère commune qui est la France, » ils vous riaient au nez, disant : « Je ne m'occupe pas de ces choses-là. »

Ce fut bien autre chose quand ils apprirent les tristes massacres de septembre, la mort du roi, de la reine, des nobles et des prêtres. Leur rage ne connut plus de bornes. Pleins d'indignation, ils se soulevèrent, et, soutenus par un fanatisme sans égal, ils se ruèrent sur nos troupes et tinrent en échec les généraux républicains envoyés pour les vaincre.

Après une sorte d'assoupissement dans la lutte, la population vendéenne se leva tout entière devant les colonnes infernales du général Thureau. La Bretagne se mêla au mouvement. Vous savez tous, mes amis, les détails de cette guerre horrible, de la guerre des Chouans, comme on l'appelle. Un contrebandier, du nom de Cottereau, surnommé la Chouette, fut l'instigateur de l'insurrection. On lui avait donné ce surnom par suite de l'analogie qu'on remarquait entre cet oiseau de nuit et le caractère sombre et taciturne de notre homme.

Il fallait en finir à tout prix avec cette lutte impie, et le Comité de Salut public avait employé une rigueur inouïe pour étouffer l'insurrection. Hoche pensa avec raison qu'il valait mieux avoir recours à des moyens de douceur et agir par la persuasion. « Croyez-moi, écrivait-il aux membres du Comité de Salut public, quelques proclamations feront plus que des pièces de 16. »

Le général se rendit à son poste et vit avec douleur que l'armée, sans discipline et sans organisation, se conduisait comme en pays conquis, et se portait à d'odieuses exactions. Hoche prit aussitôt des mesures sévères, montra à ses soldats la grandeur de la tâche qu'ils avaient mission de remplir, et lança aux campagnes cette proclamation :

Aux citoyens des campagnes !

29 fructidor an II.

« Citoyens, c'est au moment où le génie de la Liberté fait triompher les armées de la République, que je suis envoyé pour commander celle des côtes de Cherbourg, dont vous êtes voisins, et dont vous paraissez être les amis et les frères.

« J'espère, citoyens, que bientôt, ne connaissant plus d'ennemis dans ce département, l'armée que je commande pourra porter ses armes contre les vrais auteurs de tous les maux qui ont affligé ces belles et malheureuses contrées, et punir les étrangers perfides d'avoir cherché, et malheureusement réussi, à semer la division dans nos cœurs.

« Mais, parmi ces hommes armés contre les troupes de la République, n'en est-il pas beaucoup d'égarés? Est-ce avec connaissance de cause qu'ils font le mal? Non..., je ne puis le croire.

« Cette idée révoltera tout bon Français. Et pourquoi renonceraient-ils à ce glorieux nom, à la qualité d'hommes libres et de citoyens? Pourquoi, avec les autres Français, n'obéiraient-ils pas aux lois faites par leurs pères et leurs représentants? Pourquoi ne défendraient-ils pas ces mêmes lois? Quoi donc! ces hommes préfèrent les bois et les forêts à leurs toits honorables! Ils préfèrent le nom et le métier de bandit au nom de citoyen, et au métier de paisible cultivateur!...

« Ah ! si je pouvais parler à ceux qui ne sont qu'égarés, à ceux qu'un faux zèle anime contre nous, à ceux que la crainte des châtiments retient parmi nos ennemis, je leur dirais : « Cessez, « Français, de croire que vos frères veulent votre « perte ; cessez de croire que la patrie, cette mère « commune et bonne, veut votre sang. Elle veut, « par ses lois bienfaisantes et sages, vous rendre « heureux. Elle désire que vous soyez libres, « tranquilles et égaux. Rentrez dans son sein et « jouissez-y de ses bienfaits ; je vous le répète, « elle n'en veut point à vos jours. »

« Mais si ma voix ne peut aller jusqu'à ces malheureux dont le sort m'a touché, c'est à vous, pères, mères, parents et amis, à être auprès d'eux mes interprètes.

« Dites-leur bien que leur sort est dans leurs mains. Je ne suis point envoyé pour anéantir la population, mais pour faire respecter les lois.

« Qu'ils posent leurs armes ; que, rendus à

leurs occupations ordinaires, ils rentrent paisiblement chez eux ; qu'ils cessent par leurs rassemblements de troubler la République ; qu'ils ne
voient plus en nous que des frères, des amis, des
Français enfin.

« J'assure, de la part des représentants de la
nation entière, à ceux qui seront tranquilles dans
leurs foyers et maintiendront le repos public et
général, paix, union, sûreté, protection, liberté,
fraternité, et garantie de leurs propriétés. Nous
y mettrons toute la bonne foi possible.

« Et moi aussi j'ai été malheureux ! Je ne puis
ni ne veux tromper ceux qui le sont. Puissé-je,
au contraire, verser dans leur sein toutes les con-
solations qu'exige leur état! Rentrez donc, citoyens, qui avez été égarés. N'écoutez plus les
suggestions de nos ennemis. Croyez qu'ils sont
plus particulièrement les vôtres.

« Je tiendrai toutes les promesses que je fais
ici. Vous ne me forcerez pas à déployer contre

vous un appareil de guerre formidable, que je saurais employer d'une manière efficace contre ceux qui s'obstineraient à préférer le nom de *Chouans* à celui de *Français*. »

Mais s'il était plein de compassion pour les habitants inoffensifs, il perçait l'égoïsme de certains chefs insurgés, qui, dans cette lutte malheureuse, n'avaient en vue que de relever leur fortune. « Avec 200,000 livres et dix paires d'épaulettes, on aurait la majorité de ces messieurs; un bâton suffirait pour le reste. »

En même temps, notre jeune général se préparait à la lutte; et dans sa proclamation à l'armée, il lui recommande la plus grande fermeté, la vigilance dans le service, l'humanité envers les habitants des campagnes.

Malgré la saison pluvieuse, Hoche fit camper ses troupes. Ce système était rendu nécessaire et commandé par la prudence et le besoin de se défendre contre des surprises faciles. Il choisit avec le plus grand soin les officiers qui devaient diriger les colonnes; car, il ne faut pas l'oublier, la guerre qu'il avait mission de conduire était d'une nature toute particulière et singulièrement délicate. Il fallait que les chefs qu'il commandait fussent à la fois soldats et diplomates, médiateurs autant que combattants. Tout d'abord, Hoche chercha à rapprocher les soldats des habitants, et il y réussit par l'habileté et le tact avec lesquels il agit, et par la bonté aussi avec laquelle il accueillit les plaintes et les réclamations de ces derniers.

« Mettons en œuvre, répétait-il sans cesse, l'humanité, la vertu, la probité, la force, la ruse même, au besoin, et toujours la dignité qui convient aux républicains. »

Le Comité de Salut public apprécia les efforts du jeune général; il vit qu'il était l'homme de la situation, qu'il était le plus à même de mener à bonne fin cette guerre désastreuse, et songea à le nommer au commandement des armées des côtes de Brest et de Cherbourg (3 novembre 1794).

Mais Hoche, prévenu des intentions du Comité, avait toujours présentes à l'esprit les menées sourdes, les calomnies dont il avait été victime. Il s'adressa au citoyen Carnot, le même qui l'avait fait jeter en prison comme récompense des services rendus à l'armée du Rhin, et, dans une lettre, il lui dépeignit toute son âme attristée et dégoûtée de la gloire, et il se proposait de donner sa démission dans le cas où le commandement des deux armées lui serait offert. Néanmoins, devant les sollicitations dont il fut l'objet, il crut de son devoir d'accepter ce lourd fardeau, mais il le fit sans enthousiasme.

« J'obéis, puisque l'obéissance est essentielle- ment militaire. »

Il partit pour Rennes, afin d'organiser l'ar- mée. La position était des plus critiques. L'in- surrection étendait partout ses ravages, et était soutenue par le fanatisme des Chouans et les cruautés exécrables qu'ils commettaient sur nos soldats. Des émissaires soudoyés par Pitt, le ministre anglais, prêchaient partout le massacre et l'assassinat. Malheur au soldat républicain qui se hasardait seul dans un village pour aller chercher du pain ou des provisions! On l'accueillait ; mais à peine entré, on l'assommait à coups de bûche, de pioche ou de crosse de fusil. C'était une tuerie horrible. On égorgeait les soldats républicains, on promenait leurs têtes au bout des piques , ou bien on les plantait au haut des clochers de village. Vous ne sauriez croire, mes amis, à quels excès se portaient ces sauvages, et avec quelle barbarie ils prenaient plaisir à mutiler les malheureux qui tombaient entre leurs mains.

C'était le marquis de Puisaye, « le général en chef de la confédération bretonne, » ainsi qu'il s'intitulait pompeusement, qui conduisait les insurgés, et qui, vaincu, reparaissait toujours avec

une énergie nouvelle. Les bandes qu'il commandait rivalisaient de fanatisme et mêlaient les
exercices de piété à l'assassinat. Vous pourriez
croire que j'exagère, mes amis; écoutez Hoche
lui-même, qui fait au général Dulasmes une
description accomplie de ces coquins mys-
tiques.

« Un ramas de contrebandiers, d'assassins,
d'échappés de galères, quelques fanatiques et
beaucoup d'hommes qui se sont soustraits à la
première réquisition, voilà l'armée que nous avons
à combattre.

« Je ne te dissimulerai pas, général, que
l'apprentissage de cette guerre est aussi difficile
que l'apprentissage de celle que tu viens de
faire.

« Tantôt sur un point, tantôt sur un autre, dis-
séminés par pelotons de dix, douze, trente, ou
rassemblés au nombre de deux cents, voilà la
tactique des Chouans.

« Certains de trouver partout des vivres et des amis, ils ne portent rien que leurs armes, dont ils se servent très-bien.

« Ils ont partout des agents, dans les administrations, dans les clubs. Tu ne mettrais pas la tête à la fenêtre sans que les chefs des Chouans n'en soient instruits par leurs nombreux émissaires.

« Il est possible que de six mois tu ne voies pas un ennemi. Il est possible qu'à la première sortie que tu feras, tes ordonnances soient fusillées à tes côtés, sans que tu saches d'où part le coup. »

Hoche poursuivait son œuvre de pacification. Sans pitié pour les assassins et pour les voleurs, il était plein de bonté pour les malheureux qui s'étaient laissé séduire ou que l'erreur et la crainte de la vengeance des insurgés avaient entraînés sous les drapeaux de la rébellion. On sentait que le dénoûment de cette lutte sinistre approchait, aux rigueurs qui se manifestaient de part et d'autre. Ceux qui faiblissaient ou qui parlaient d'accommodement, étaient aussitôt massacrés. Cette conduite était peu propre à retenir près d'eux les campagnards que la guerre éloignait de leurs champs, et dont la misère allait croissant chaque jour. Hoche profita habilement de ces mouvements d'opinion qu'il remarquait chez ses adversaires. Chaque jour sa bonté, son humanité lui attiraient de nouveaux transfuges, nobles transfuges ceux-là, enfants prodigues que la patrie, représentée par Hoche, accueillait les bras ouverts. « Déjà l'habitant des campagnes regardait sans effroi le *Bleu*. » C'est ainsi qu'il nommait nos soldats républicains.

Voyant qu'ils ne pouvaient rien par la force, les chefs de l'insurrection tentèrent un autre moyen, qui, tout d'abord, exploité contre un homme loyal comme était Hoche, devait réussir. Ils firent appel aux sentiments généreux du général républicain, et cherchèrent à gagner du temps, en attendant le retour de Puisaye, qui était allé chercher des renforts à Londres. On comptait d'un jour à l'autre sur l'arrivée d'émigrés ; on parlait même de la présence du comte d'Artois parmi les nouveaux combattants ; mais la prudence bien connue de ce dernier ne donna pas longtemps crédit à cette rumeur toute royaliste. On alla même jusqu'à prier Hoche de vouloir bien ouvrir des négociations. Hoche accepta, et rendit ainsi compte au Comité de Salut public de son entretien avec le lieutenant de Puisaye, le sieur de Cormatin, qui s'intitulait « major général de l'armée catholique. »

23 nivôse an III.

« Citoyens directeurs,

. . . .

« Après avoir fait parade de moyens immenses, suivant Cormatin, qu'avaient les brigands pour faire la guerre, après avoir fait le tableau le plus étendu des ressources qu'offraient le pays, ses habitants et leur fanatisme, cet envoyé m'a juré, les larmes aux yeux, que les propositions de ses chefs et les siennes étaient sincères, et qu'il ne tiendrait qu'au gouvernement de rendre à la patrie des hommes que les préjugés avaient égarés.

« — Depuis dix jours, m'a-t-il dit, les ordres de faire cesser les assassinats sont donnés ; et pour qu'il n'arrive aucun malheur, je vais les renouveler en passant dans les différents départements que je vais parcourir avec l'officier républicain qui m'a été donné ; il assistera à toutes nos conférences et vous rendra compte de la manière loyale dont nous agissons. Nous voulons la paix à tout prix.

« Cormatin m'a déclaré hautement que les chefs royalistes ratifieront tout ce qu'il aura fait.

« — Pourtant, a-t-il ajouté, l'opinion de Charette n'est pas connue; mais s'il ne se rend pas, nous renoncerons à toute espèce de correspondance et de liaison avec lui.

« Je n'eus pas de peine à convaincre le major général que les Vendéens, les Chouans et les émigrés avaient été joués par la coalition, et notamment par l'Angleterre....

« Il m'avoua qu'étant Français, il se réjouissait de nos victoires au Nord, aux Pyrénées et sur le Rhin; il savait que son parti n'avait aucun secours à attendre; que ce parti s'était formé par l'opinion et par le désespoir....

« Une question, continue-t-il, me restait à faire à Cormatin : c'était le parti que prendraient les bandits, déserteurs, forçats et autres, échappés des galères de Brest, et assassins de profession.

« Il convint que ces hommes se résoudraient difficilement à abandonner leurs armes pour rentrer dans leurs foyers. D'abord il me proposa de les renvoyer dans leurs communes, et de les mettre sous la surveillance des autorités civiles. C'eût été lâcher des bêtes féroces dans la société.

« Je crus donc devoir lui laisser entrevoir un projet que je mûris depuis longtemps : ce serait de former une ou plusieurs légions de tous ces hommes qui se sont créé des besoins et qui n'ont d'autres professions que celles qu'ils exercent sur les grandes routes.

« Je lui citai les bandes de du Guesclin allant détrôner Pierre le Cruel et le régiment levé par Villars dans les Cévennes. Cette idée le frappa ; il y applaudit, et m'assura que si l'on donnait aux brigands la perspective d'avoir du pain, sous la condition de défendre l'Etat, beaucoup en seraient charmés.

« Il me dit même que Stofflet, dans la Vendée, et une infinité d'autres, ne pouvaient se rendre sans qu'on employât ce moyen, la majeure partie n'ayant ni propriété ni métier. »

A la suite de ces négociations, la Convention
nationale, qui suivait avec la plus vive anxiété les
phases de cette lutte fratricide, jugea le moment
opportun pour mettre fin à la guerre par un généreux pardon accordé aux insurgés. Elle crut
que, devant des mesures de clémence, la rébellion mettrait bas les armes, et que l'on pourrait
songer enfin à relever les ruines qu'avait faites la
guerre. A cet effet, dans le mois de décembre 1794,
une quinzaine de représentants partirent dans
les départements de l'Ouest, munis de pouvoirs
très-étendus, pour veiller par eux-mêmes à l'exécution du décret, et pour pacifier le pays. En
même temps on détachait de l'armée républicaine
de nombreux corps de troupes qui furent expé-
diés aux armées de la frontière, malgré les observations de Hoche, qui n'avait qu'une confiance
des plus limitées dans la bonne foi des insurgés.
Ses prévisions n'étaient que trop fondées : Cormatin n'avait songé qu'à une seule chose, gagner

du temps, et il avait pleinement réussi; aussi Puisaye était-il dans la joie, et les émigrés dans l'espérance de recommencer bientôt la lutte. Les Anglais hâtaient l'armement de leur flotte, et des émissaires entretenaient l'esprit de révolte à la barbe des commissaires.

En repensant à ces événements, j'estime que la Convention commit une faute en rédigeant à la hâte une paix qui ne pouvait durer, et, selon moi, mes amis, son tort le plus grave est d'avoir traité avec un homme tel que Cormatin. Mais elle voulait en finir avec une guerre désastreuse pour la nation, et elle consentit à traiter sur les conditions qu'on lui proposa. Elle ne tarda pas à reconnaître son erreur, mais il était trop tard. Tout d'abord, Cormatin se fit donner 400,000 livres en assignats et 30,000 livres en numéraire. Les autres chefs de l'insurrection exigèrent, proportionnellement à leur importance, des sommes considérables. Certes, Hoche les avait bien jugés, quand il taxait, dès son arrivée à l'armée de l'Ouest, le dévouement de tous ces messieurs à quelques centaines de mille livres. En outre, on laissa aux insurgés leurs armes et leurs dépôts de munitions. Ils purent former une garde territoriale qui fut répartie dans les bourgs et les villages, pour assurer le bon ordre, cela va sans dire, mais surtout pour entretenir l'esprit de révolte parmi les paysans, ce qu'ils ne disaient pas.

Telles furent ces conventions qu'on qualifia de traité de la Jaunaye. Elles furent signées le 17 février 1795, près de Nantes, entre les chefs insurgés, d'une part, et les commissaires du gouvernement, de l'autre.

Stofflet, le général en chef de l'armée catholique d'Anjou et du Poitou, alla plus loin ; il rédigea un acte dans lequel il se soumettait, disait-il, « aux lois de la République française une et indivisible, » et s'engageait à ne plus jamais porter les armes contre elle. « Puisse cette démarche de notre part, ajoutait-il, éteindre le flambeau des discordes civiles, et montrer aux nations étrangères que la France n'offre plus qu'un peuple de frères, comme nous désirons qu'elle ne forme plus avec elles qu'une société d'amis! » Il terminait cette épître en priant les commissaires d'être, auprès de la Convention nationale, les interprètes de ses sentiments pacifiques.

Le Directoire se laissa prendre à ces belles phrases, en dépit des avis que Hoche ne cessait de lui adresser sur les agissements des insurgés. Hoche, impuissant à enrayer le mal, fit la seule chose qu'il était en son pouvoir de faire : il surveilla les menées de ses nouveaux amis, et attendit. Un mois après la signature du traité de la Jaunaye, on signa un nouveau traité à la Maltelais, et la France crut aussitôt à la fin des hostilités et à la pacification des provinces de l'Ouest.

Hoche avait dû céder, mais il sentait bien que la trêve serait de courte durée.

Les chefs vendéens, de leur côté, ne cachaient pas leur mépris pour les institutions nationales et leur aversion profonde pour les soldats de la République. Ce furent d'abord des avanies de toutes sortes et des insultes. Bientôt les insurgés se portèrent à des voies de fait, et, jetant le masque, ils se livrèrent sur nos soldats à des actes de cruauté inouïe, tombant à l'improviste sur nos détachements épars, et les égorgeant l'un après l'autre. On vit même des députations officielles de municipaux en écharpe venir réclamer aux autorités républicaines des assassins pris en flagrant délit. Partout on offrait aux Chouans des abris, des vivres, des munitions et des armes volées aux *Bleus*. Quant aux soldats républicains, ils ne pouvaient, même à prix d'argent, se procurer du pain. Et n'allez pas croire, mes amis, que cet esprit détestable n'existât que dans les villages. On le retrouvait dans les villes.

A Rennes, Hoche, le général en chef des armées de la République dans l'Ouest, ne put trouver un logement pour 600 livres qu'il offrit par mois, et il dut aller habiter dans un des bâtiments de l'administration militaire.

Hoche, qui avait les mains liées par les commissaires du gouvernement, était rendu responsable des crimes que l'on commettait chaque jour, et le Comité de Salut public, s'en rapportant aux rapports de ses délégués, accusait notre général, et lui faisait les reproches les plus injustes et les plus amères. Celui-ci se justifiait, et cherchait à éclairer le Comité sur la situation exacte du pays. Il le faisait dans les termes les plus modérés, et démontrait clairement l'inanité des accusations que l'on portait contre lui; mais le Comité restait sourd et continuait à son endroit ses critiques outrageantes.

Hoche était indigné d'une telle conduite à son égard; il ne craignit pas d'écrire au Comité :

« La position d'un général dont l'armée est divi-
sée en pelotons de soixante, quatre-vingts ou cent
hommes sur une surface de quatre mille lieues
carrées, n'est assurément pas brillante. Elle est
bien malheureuse, si, en redoublant tous les jours
d'efforts pour bien servir son pays, il est accusé
de faiblesse et de négligence par le gouvernement
auquel il est dévoué, tandis que ses ennemis
l'accusent hautement de mettre trop de rigueur
dans sa conduite.... Je n'ai pas craint jusqu'à ce
jour de dire la vérité. Vous avez pu vous en convaincre par les ennemis que je me suis faits. Je
pourrais répondre à ceux-ci ; mais je ne donnerai
pas aux ennemis de ma patrie le spectacle d'une
lutte avantageuse pour moi, il est vrai, mais
scandaleuse pour la République. »

Quant aux Chouans, ils ne perdaient pas leur
temps, et mettaient à profit les circonstances dé-
sastreuses dans lesquelles se débattait le malheureux Hoche. Cormatin entretenait des correspon-

dances avec les émigrés de Londres, et leur demandait des hommes et de l'argent. En même
temps, il fomentait partout l'esprit de révolte. Les
Chouans mettaient tout en usage; calomnies, men-
songes, tout leur était bon. On cherchait à cor-
rompre les soldats et les officiers républicains. Les
assassinats se multipliaient de jour en jour; la
situation devenait intolérable; l'insolence des rebelles ne connaissait plus de limites.

Hoche, à la fin, perdit patience.

« A qui sont destinés, dit-il, ces approvisionnements considérables faits par les Chouans et
payés en numéraire? Pourquoi ces achats de chevaux et d'étoffes noires, ces confections d'habits
antinationaux? Pourquoi ces embauchages? Pourquoi ces rassemblements de Chouans dans lesquels ils se nomment des chefs qui les exercent
au maniement des armes et à la marche? Pourquoi, sous prétexte de pacifier, Cormatin envoie-
t-il des agents dans les chefs-lieux de districts?

Que signifie le quartier général de cet homme?
Quelle est son autorité pour commander ainsi qu'il
le fait ?... »

Il prend ses mesures pour être prêt avant l'ex-
piration de la trêve. Il fait arrêter Cormatin, malgré les protestations des émigrés, qui vont criant
à la trahison. Hoche envoie aussitôt au Directoire, par courrier extraordinaire, les lettres que
le bandit royaliste écrivait à Puisaye, et qui
avaient été interceptées.

« Il est temps, écrit Hoche au Directoire, que
ces contrées soient purgées des assassins féroces
qui les infestent; il est temps qu'une poignée
d'agitateurs, d'insolents royalistes, de misérables
émigrés, grossie de tous les bandits vomis par
l'étranger, s'anéantisse devant la puissance de la
République, victorieuse de tant de rois; il est
temps enfin que la paix conclue au dehors avec
divers États de l'Europe, et qui deviendra bientôt
générale, soit fixée d'une manière invariable dans

ces départements, et que le commerce, les arts, l'agriculture y refleurissent sous la protection des lois. »

Puis il tombe sur les bandes de Chouans qui l'entourent, leur tue quatre cents hommes, et disperse les rassemblements, qui se reforment aussitôt.

Mais la flotte anglaise, portant huit mille émigrés, s'avançait, et, le 27 juin 1795, elle vint débarquer à Quiberon.

« S'ils osent mettre le pied en Bretagne, aucun n'en sortira vivant! » s'écrie Hoche en apprenant cette nouvelle. Puis, sans perdre un instant, il vole sur les côtes de l'Océan, et laisse au fidèle et habile général Cherin le soin de rassembler des troupes.

Nous allons assister au dernier effort de l'émigration pour assassiner la République. Cette faction, qui ne craignait pas d'appeler l'étranger pour venger ses rancunes et satisfaire ses convoitises, échouera, quitte à prendre plus tard sa revanche. Les royalistes, en effet, avaient un parti puissant à l'intérieur du pays, et ils avaient déjà montré de quoi ils étaient capables. Tout d'abord, leurs menées n'avaient eu d'autre effet que d'entretenir les espérances de leurs amis de l'extérieur et la haine de la coalition. Mais une fois que cette coalition eut été vaincue et qu'elle eut cessé la lutte, les rigueurs du Comité de Salut public et la fermeté excessive de la Convention n'eurent plus de raison d'être. A une situation moins tendue, elle employa des moyens plus doux. C'est alors que la réaction leva la tête et montra, par ses terribles et sanglantes représailles, de quelles forces puissantes elle disposait.

Ai-je besoin, mes amis, de vous rappeler des choses qui sont encore toutes récentes, ces massacres qui ont ensanglanté le midi de la France, et qui égalèrent, il faut bien le dire, les cruautés des proconsuls du Comité de Salut public. Mais ces derniers avaient pour excuse à la sévérité impitoyable de leurs arrêts la situation désespérée de la France, qu'il fallait sauver à tout prix. Les royalistes ne pouvaient invoquer qu'un misérable esprit de vengeance et des revendications personnelles peu honorables. Aussi les massacres auxquels ils se livrèrent à Lyon, à Aix, à Marseille et dans toutes les grandes villes de la province, resteront-ils pour eux une tache ineffaçable.

Mais revenons à Hoche et à cette descente de Quiberon, qui fut le résultat de la réaction des royalistes à l'intérieur. Je vous dirai demain quelle fut l'issue de cette tentative, et comment le général Hoche, par son habileté, sa prudence et son génie militaire, sut réduire à néant les projets coupables de l'émigration, et par suite ceux des insurgés de nos malheureuses provinces de l'Ouest.

QUATRIÈME VEILLÉE.

Quiberon. — Armées de l'Ouest et de l'Océan. —
Pacification de la Vendée.

En apprenant que la flotte anglaise se dirigeait vers le sol de la patrie, Hoche s'était écrié, plein d'indignation et de colère : « S'ils osent mettre le pied en Bretagne, aucun n'en sortira vivant. »

Mais la promptitude de l'ennemi et la faiblesse des ressources dont Hoche disposait l'ayant empêché de s'opposer au débarquement des royalistes, il prit toutes ses mesures pour leur faire payer cher leur audace criminelle.

Il les laisse s'emparer sans obstacle du fort de Quiberon et de la presqu'île qu'il commande, se réservant de les renfermer, disait-il, *comme un rat dans une souricière.* Ceux-ci sont tout d'abord étonnés de voir qu'on les laisse tranquilles. Puis, leur outrecuidance prenant le dessus, ils s'imaginent que c'est la peur qui retient les républicains. Hoche les surveille, les laisse s'établir paisiblement, et parvient, par de petits combats où l'avantage lui restait toujours, à les resserrer plus étroitement dans la partie de terrain qu'ils occupaient. Tout va selon le gré de ses désirs. Hoche ne doute plus du succès final. L'accueil enthousiaste que fait la population aux troupes royalistes ne le trouble nullement. « Soyez tranquille, écrit-il au Comité, je les tiens! » Et à ses généraux, il recommande le calme et un secret absolu.

Il divisa son armée en trois colonnes, et s'avança, à la faveur de la nuit, vers le fort Penthièvre, que les émigrés négligeaient de surveiller avec soin, s'en rapportant à sa situation qui défiait toutes les surprises et tous les assauts. Hoche confia une colonne de ses braves grenadiers à l'adjudant Ménage, dont il connaissait toute la sagesse et l'habileté. Il lui enjoignit d'attaquer la place par la droite, tandis qu'une seconde colonne l'attaquerait par la gauche. Ces deux attaques simultanées devaient permettre à la troisième colonne, sous les ordres de Humbert, de tourner le fort du côté de la mer. Ce plan était plein d'audace et de grandeur, mais aussi, il faut le dire, plein de périls. Une imprudence de la part des républicains, un cri d'alarme jeté par l'ennemi pouvait anéantir les projets de notre général. Aucune considération n'arrêta ce dernier.

Un temps affreux favorisa l'entreprise des républicains. Un ouragan terrible s'était déchaîné sur la mer, et le vent, lançant fort avant, avec une violence inouïe, les vagues sur l'étroit chemin que suivait la vaillante cohorte de Ménage, menaçait de la submerger. L'obscurité absolue était soudainement coupée par des éclairs qui laissaient apercevoir à nos soldats l'épouvantable situation dans laquelle ils se trouvaient. Ils avaient de l'eau jusqu'aux genoux ; leurs fusils, mouillés par l'eau de mer, ne pouvaient leur être d'aucun secours ; leurs munitions étaient trempées, leur poudre en bouillie, et ils s'avançaient toujours, sous le feu de la flotte anglaise et sous celui des forts. Ils sont perdus, si le malheur veut qu'on les reconnaisse. Ils marchent en silence, sans proférer une plainte, tantôt sur une file, à la façon des sauvages, tantôt en grappes, encouragés, soutenus par la présence de leur chef, de leur père, l'intrépide général Hoche.

Quel spectacle sublime que ces hommes qui, tout pleins de la pensée de la patrie qu'il faut sauver, vont tranquilles à une mort presque certaine! La petite colonne s'avançait toujours, escaladant le rocher, et ayant à un pas d'elle l'abîme noir de la mer qui venait se briser furieuse au milieu de la tempête.

C'est alors qu'il se passa un épisode touchant que m'a rapporté Moreau de Jonès, qui était de la fête. Plusieurs des soldats, voyant la mort prochaine et inévitable qui les menaçait, se ressouvinrent soudain des premières années de leur jeunesse, et, comme des enfants, ils s'agenouillèrent et dirent leurs prières, la prière des agonisants.

Enfin, après mille fatigues, on arrive sur la plate-forme. Le moment est décisif, tous ces braves le comprennent; aussi leur cœur bat-il fort. A un signal, ils s'élancent tous comme des lions sur la garde qui s'était abritée sous des hangars pour se garer de la tempête; ils massacrent tous ceux qu'ils rencontrent; ils tombent sur les canonniers et les assomment sur leurs piéces; ils courent à ceux qui déjà, ayant pris l'alerte, ouvraient un feu terrible sur la colonne d'Humbert, que criblait également de ses boulets une chaloupe canonnière anglaise, et les écrasent en un instant. La troupe d'Humbert, un moment ébranlée par la furie de ses assaillants, s'élance au pas de charge à la vue du drapeau tricolore qu'on avait hissé sur le fort, se précipite en avant, au cri mille fois répété de : Vive la République! et rejoint son général, qui les reçoit avec des larmes de joie. « Mes amis, leur dit-il, j'ai été bien inquiet de vous. »

Les insurgés s'enfuient en désordre et jettent la panique dans tous les villages qu'ils traversent. Les républicains leur offrent la vie sauve, s'ils veulent se rendre. D'autres, après les avoir désarmés, les épargnent et les abandonnent à leur sort. Mais tel est le fanatisme de ces gens qui regardent la soumission comme un déshonneur, qu'ils préfèrent aller se noyer dans l'Océan que

d'accepter la loi du vainqueur. Aussi se sauvent-
ils, non sans commettre sur leur passage d'horribles cruautés. Il est impossible de dépeindre
dans quel état d'affolement ils se trouvaient. Leur
désastre fut horrible. On vit des officiers royalistes, abandonnant tout espoir, et voyant le sort
qui les menaçait, se percer la poitrine de leurs
épées. Les fuyards se jetaient à la nage et gagnaient les embarcations qui, bondées de monde,
menaçaient à chaque instant de s'abîmer dans les
flots de la mer en courroux. Des scènes lamen-
tables se passèrent alors. Rien ne rend les hommes
égoïstes et féroces comme le malheur, et on en
vit dans ces circonstances de cruels exemples
qu'aucun des soldats républicains qui y assis-
tèrent n'ont oubliés. Une partie des barques où
s'étaient entassés les fuyards sombraient, après
avoir fait quelque chemin en mer. Les autres, qui
n'avaient pas encore quitté le rivage, étaient litté-
ralement prises d'assaut par les survenants qui ne

cessaient d'arriver. Ceux-ci étaient repoussés à coups d'avirons, à coups de sabres, de haches, par leurs camarades affolés de peur, et qui croyaient toujours entendre le cri de victoire des républicains.

Ces scènes de désolation durèrent plusieurs heures ; elles touchèrent de pitié le cœur de nos soldats, qui agirent avec la plus louable et la plus touchante humanité. Bien loin de tomber sur les fuyards, on vit plusieurs des nôtres qui les aidaient à se dérober. Ce sont des officiers royalistes qui l'ont déclaré depuis, et leur témoignage ne saurait passer pour suspect. Un capitaine républicain vint dire à l'un de ces derniers, nommé Chalus : « Fuyez, sauvez-vous ; sinon, vous courez grand risque d'être fusillé. » Parmi les fuyards se trouvaient des femmes qui portaient leurs enfants dans leurs bras ; et leur fanatisme était tel, que, dans une situation désespérée, elles refusaient la protection que nos soldats leur of-

fraient loyalement. Un grand nombre de prisonniers resta entre les mains des républicains.

Hoche était d'avis qu'il ne fallait frapper que
les chefs. Quant à la multitude, qui n'avait été
que les instruments de ces derniers, il voulait
qu'on la laissât libre et qu'on lui remît même
quelques secours en argent. Mais le représentant
du peuple Talien ne l'entendit pas ainsi ; il voulait, par un coup de terreur, anéantir à jamais les
espérances de l'émigration, et donna l'ordre
qu'on massacrât tous les prisonniers, sans exception. Hoche chercha quelque temps à le ramener à des sentiments plus humains. Talien fut
inflexible. « Tous les coupables périront, ainsi
l'ordonne la loi, » répondit-il. Hoche prévint le
Comité de Salut public, qui, par l'habileté de son
légiste Merlin, sut tourner cette loi inexorable, et
décida que les Chouans seraient épargnés, « parce
qu'ils avaient été engagés malgré eux. » Quant
aux émigrés, tous furent massacrés.

La Convention nationale récompensa le général Hoche de son triomphe, en le nommant commandant en chef de l'armée de l'Ouest (31 août 1795). En même temps, elle lui enjoignit d'en finir au plus vite avec cette guerre qui faisait dans les deux camps les plus cruels ravages. Lourde récompense, et qui pénétrait de tristesse le cœur du généreux guerrier. Mais enfin son devoir était d'obéir aux ordres du gouvernement; il reçut avec un sourire amer ce nouveau témoignage de la reconnaissance publique, et poursuivit son œuvre, tout en regrettant de ne pas avoir à faire sentir aux étrangers la valeur de son bras. Il en voulait surtout aux Anglais, qui, sous prétexte de soutenir les émigrés, dont ils n'avaient souci, ne visaient qu'à démembrer la France et à écraser la République. Il venait de les voir à l'œuvre et avait pu juger de leur égoïsme hideux. Après la défaite de Quiberon, quand ils eurent vu que toutes leurs espérances étaient déçues de ce côté, ils ren—

voyèrent, en s'éloignant de terre, douze embarcations remplies de vieillards chouans, de femmes et d'enfants, en les abandonnant à la vengeance des vainqueurs. Mais Hoche, toujours compatissant, défendit qu'on leur fît aucun mal, et assura pour quelque temps la subsistance de tous ces malheureux.

Hoche reprit aussitôt la campagne.

La rébellion était représentée par quatre chefs : Georges Cadoudal, l'un des instigateurs de l'affaire de Quiberon, le même qui, après la défaite des royalistes, rejeta, en bon camarade qu'il était, toute la responsabilité de l'affaire sur Puisaye ; Charette de la Contrie, un des émigrés de Coblentz en 1790, l'un des fidèles de la monarchie, qui se battit dans la fameuse journée du 10 août 1792 pour son roi, qui avait juré une haine à mort à la Révolution et à la République, et que les succès remportés sur deux généraux républicains, Kléber et Haxo, avaient rendu fameux parmi les Vendéens; Stofflet, fils d'un meunier, ainsi que Cadoudal, ancien soldat des gardes suisses, qui portait une haine égale à la République et à monsieur Charette; enfin Scepeaux. Tels étaient les quatre chefs sous les bannières de qui s'étaient rangés les royalistes.

Ils étaient environ soixante-dix mille hommes, bien armés, bien pourvus d'argent, et décidés à tout faire, sûrs du sort qui les attendait, s'ils venaient à être vaincus et à tomber entre les mains de nos soldats. Ajoutez à ce nombre une dizaine de mille hommes qui, sous les ordres de Frotté, soutenaient l'étendard de la rébellion en Normandie, et vous aurez l'effectif des adversaires de la République que le général Hoche avait reçu ordre de réduire à l'obéissance. La tâche, comme vous le voyez, était difficile; ce n'était pas, en effet, des adversaires ordinaires qu'on avait alors à combattre, mais bien des fanatiques qui pensaient avoir en main une mission divine, et qui, en marchant au combat, se comparaient aux martyrs de l'ancienne Rome. Ces pauvres diables ne songeaient pas que l'homme pour qui ils soutenaient une lutte meurtrière était à Londres, loin de tout danger, et attendait paisiblement que ses partisans lui eussent préparé les voies du trône, au prix de leur vie, pour quitter la terre d'exil, ainsi qu'il l'appelait, et reprendre la place qui lui revenait de droit.

Hoche, après avoir étudié la situation sous toutes ses faces, résolut de frapper un coup décisif, en s'emparant de Charette, l'âme de la révolte, et la plus forte tête des insurgés. Il ne se trompait pas; et pour se rendre compte de tout l'espoir que fondaient sur lui les frères de Louis XVI, il suffit de voir les faveurs dont le comblaient les émigrés. Le comte de Provence n'appelait Charette que « le second fondateur de la monarchie. » Partout les ennemis de la France annonçaient à qui voulait l'entendre que le maréchal de France, Charette de la Contrie, mettrait bientôt tous les vils sans-culottes à la raison, et conduirait à Paris la famille royale. Le féroce général russe Souvarov, le triste héros d'Ismaïlov et de Praga, ce monstre sanguinaire, qui fit couler tant de sang, écrivait à Charette, de la capitale de la malheureuse Pologne, qu'il avait ruinée de fond en comble, la lettre suivante :

« Héros de la Vendée ! illustre défenseur de la foi de tes pères et du trône de tes rois, salut !

« Que le Dieu des armées veille à jamais sur toi ; qu'il guide ton bras à travers les nombreux bataillons de tes ennemis qui, marqués du doigt de ce Dieu vengeur, tomberont, dispersés comme la feuille qu'un vent du nord a frappée.

« Et vous, immortels Vendéens, fidèles conservateurs de l'honneur des Français, dignes compagnons d'armes d'un héros, guidés par lui, relevez le temple du Seigneur et le trône de vos rois. Que le méchant périsse, que sa trace s'efface.

Alors que la paix bienfaisante renaisse, et que la tige antique des lis, que la tempête avait courbée, se relève au milieu de vous plus brillante et plus majestueuse.

« Brave Charette! l'honneur des chevaliers français, l'univers est plein de ton nom.... L'Europe étonnée te contemple..., et moi, je t'admire! Gloire à toi!

« SOUVAROV. »

Vous vous rappelez quelle fut, à la nouvelle de cette lettre, notre colère contre celui qui se vantait d'attirer les haines de l'étranger sur la France, et comme du fond du cœur nous faisions des vœux pour l'anéantissement de tous ces misérables. Heureusement que le brave général Hoche était là, et chacun avait confiance en ses talents et en son génie.

Charette attendait de jour en jour l'arrivée du comte d'Artois, qui avait fait serment de mettre le pied sur la terre de France, et qui, comme son illustre ancêtre Louis XIV, se plaignait que « sa grandeur l'attachât au rivage de l'Angleterre. » Le comte arriva juste à temps pour voir la défaite de ses partisans devant Quiberon. Il se rendit ensuite à l'île Dieu, y débarqua, et, malgré les supplications de son entourage, il refusa d'aller plus loin.

Hoche, prévenu des desseins du comte d'Artois, et sachant qu'il ne se trouvait qu'à quelques lieues de lui, songea aussitôt à s'en emparer, sûr d'avoir vite raison de la rébellion, une fois maître de celui qui la dirigeait et qui en était l'âme.

Mais celui-ci s'esquiva prudemment sur un vaisseau anglais qui se tenait toujours prêt à partir au premier signal, et laissa ses fidèles soutenir sa querelle à leurs risques et périls. « Quelle lâcheté! quelle honte! » s'écria Charette, en apprenant l'équipée de son royal maître. Mais celui-ci était loin déjà, se souciant fort peu des récriminations que soulevait sa conduite. Cependant, les pauvres diables qui se faisaient tuer pour une cause si noble commencèrent à réfléchir. Ils voient, un peu tard, qu'ils sont dupes des lenteurs des princes, et songent à quitter les grandes routes, où l'on ne pouvait recueillir que des coups de fusil, et à retourner dans leurs villages cultiver leurs champs en friche.

Hoche mit habilement à profit ces dispositions des habitants des campagnes, et leur adressa cette proclamation :

« Misérables jouets des passions, de l'intrigue et de la cupidité, quel espoir peut encore vous rester? Nous avons vaincu l'Europe. Attendez-vous de nouveaux secours d'Angleterre? Vous savez que les derniers qu'elle vous envoyait remplissent actuellement nos magasins. Vous savez aussi que ces orgueilleux ennemis sur qui vous fondiez vos plus chères espérances ont déposé leurs armes aux pieds des *Bleus*. La République, aussi généreuse que grande, veut étancher le sang qui depuis si longtemps arrose ces malheureuses contrées. Comment reconnaissez-vous ses bienfaits? En massacrant ses enfants. Pensez-vous que nous allions venger des assassinats par des assassinats? Non, les républicains ne sont pas cruels. Ces mêmes soldats qui vous font fuir voudraient vous donner le baiser de paix; ils viennent vous arracher à la tyrannie, non vous égorger. Ne fuyez plus et déposez vos armes : nous saurons respecter votre faiblesse. Rétablissez vos chaumières, priez Dieu et labourez vos champs. C'est contre Charette, lui seul, cet éternel ennemi de votre bonheur, que je dirige les forces que l'Etat a mises à ma disposition. »

Ces généreuses paroles eurent un effet magique sur le cœur des Vendéens. Ils comprirent qu'ils n'avaient été que l'instrument de maîtres d'un égoïsme sans frein; que leur intérêt, comme leur

devoir, était de cesser une lutte criminelle contre
leur patrie ; ils apprécièrent le langage du général Hoche, langage qui répondait si bien à toute
sa conduite passée. Ils vantent sa clémence, sa
générosité ; leurs yeux peu à peu se dessillent ;
ils voient leur erreur et refusent d'aller plus avant,
tant est puissant, sur les natures même les plus
incultes et les plus fanatiques, l'ascendant de la
vérité. Ils accourent en foule auprès de Hoche,
qui les reçoit avec sa bonté et sa simplicité ordinaires. Ils confessent leur faute, demandent la
paix, et affirment qu'ils n'ont qu'un désir, celui
de déposer les armes et de retourner dans leurs
chaumières.

Charette était furieux : ses lieutenants l'aban-
donnaient, entraînant leurs hommes dans leur
défection. C'est en vain qu'il cherchait à relever
le moral de ceux qui ne l'avaient pas encore
quitté. « Rassurez-vous, leur disait-il, tant que
Charette palpitera, la charette roulera. » Mais ces

paroles ne trouvaient point d'écho. Chaque jour, les désertions continuaient. Charette était consterné ; sa rage ne connut plus de bornes. Tous les républicains qui tombaient entre ses mains étaient impitoyablement massacrés. Il faisait mettre à mort les Chouans qu'il supposait disposés à mettre bas les armes.

Hoche suit son adversaire pas à pas ; il juge le moment propice pour l'atteindre, et charge de cette mission le brave général Travot, qui se met aussitôt en campagne.

Le 23 mars, au matin, on vint lui dire qu'on avait vu le chef vendéen, et que l'on était sur ses traces. Ce sont des Vendéens qui viennent dénoncer leur chef, tant ils sont las du despotisme furieux de cet homme. Il s'était réfugié dans la forêt de la Chabotière et cherchait à échapper à ses ennemis. Mais les grenadiers s'élancent à sa poursuite et ne tardent pas à l'atteindre ; ils vont le massacrer. Travot arrive soudain, et, protégeant de son épée

le chef royaliste, il s'écrie : « Ne le tuez pas! »
Les grenadiers obéissent. Charette remit son épée
au général républicain ; puis, défaisant sa cein-
ture qui contenait 6,000 louis, il la lui offrit.
« Gardez votre or, reprend Travot; je vous arrête,
je suis satisfait. »

Transporté à Nantes, on instruisit son procès.
Dans ses réponses, le Vendéen montra une énergie singulière qui ne se démentit pas un seul
instant.

Charette fut exécuté le 30 mars 1796.

Un mois auparavant, Stofflet avait payé de sa
tête sa rébellion contre le gouvernement. En
dépit de la convention jurée, il avait repris la
lutte et recommencé les massacres. Hoche, avant
d'agir vigoureusement, rappela ce dernier à l'ob-
servation du traité. Stofflet, bien loin de se rendre
à ces observations si justes et si mesurées, prê-
chait la lutte à outrance. Indigné, Hoche jura de
le châtier comme il le méritait, et se lança à sa
poursuite.

Avant de partir, il s'adressa aux populations, leur montra de quel côté étaient l'honnêteté et le respect de la foi jurée , et publia l'ordre suivant :

« Que signifient ces cris de mort, de rage et de vengeance? Le ciel ne punit-il donc plus les parjures? Au nom de quel roi parle-t-on? A quel Dieu appartiennent ces hommes qui rugissent comme des tigres, prêchent le carnage, le vol et l'assassinat? Je punirai une aussi noire trahison ; je saurai arracher les habitants à la plus odieuse tyrannie ; j'avance à la tête de trente mille hommes pour occuper le pays d'Anjou et du haut Poitou, jusqu'à ce qu'il soit entièrement désarmé et soumis aux lois. »

Bientôt Stofflet, abandonné de la plupart de ses hommes, fut cerné dans une ferme, capturé après une résistance assez vive et passé par les armes.

Cependant, les succès de Hoche exaspéraient

ses ennemis, qui firent tous leurs efforts pour le perdre dans l'esprit du Directoire. Une telle inimitié le navrait. Tout entier à la lutte qu'il avait mission de terminer, il n'avait pas le temps de se défendre ; et d'ailleurs, que répondre à la calomnie? Cette situation lui pesait ; il voulut rendre son commandement et rentrer dans la vie privée.

« Je puis braver les boulets, écrivait-il au Directoire, mais non l'intrigue ; et lorsque je ne suis pas assez fort pour la faire cesser, je me retire. En conséquence, je vous prie de me nommer un successeur. »

Le Directoire n'en fit rien, et, pour montrer à Hoche le peu de cas qu'il faisait des attaques dont il était victime, il le nomma général en chef des armées de Cherbourg, de Brest et de l'Ouest, réunies sous le nom d'armée des côtes de l'Océan. Maître de ces forces considérables, il se sentit en mesure de pouvoir terminer cette affreuse guerre.

Tout d'abord, afin de poursuivre les rebelles, il déclara partout l'état de siége; mais cette mesure toute temporaire n'avait en vue qu'une plus prompte pacification des provinces insurgées. Certes, il n'avait à rendre compte de sa conduite qu'à lui-même et au gouvernement; mais tel était son respect pour ses semblables, et le culte qu'il portait à la liberté, qu'il crut devoir expliquer la cause de cette mesure, parfaitement légale en soi, et d'un usage général en pareil cas. La lettre qu'il écrivit à ce sujet est remarquable et mérite d'être citée. La voici :

« On abuse souvent des choses les plus simples et les plus sages. La nature de l'homme, du militaire surtout, a une tendance si évidente à dominer, qu'on ne saurait y apporter trop d'entraves. A peine les villes de ce pays furent-elles mises en état de siége, que quelques officiers ont cru pouvoir se dispenser des égards dus aux administrations civiles, et des conseils qu'ils en doivent prendre.

« Je viens de faire à ce sujet un exemple nécessaire. Sans doute, je pense que la latitude accordée aux chefs de l'armée était indispensable, mais je n'ai jamais voulu établir un gouvernement militaire, encore moins pour en être chef. Eh! grands dieux! que serait-ce qu'une République dont une portion des habitants serait soumise à un seul homme? Que deviendrait la liberté? Il est cinquante administrations municipales ou départementales dont la froideur et la malveillance sont très-funestes à la République; mais, comme il en est de bonnes, et que d'ailleurs le principe est sacré, nous devons d'autant plus nous renfermer dans les limites de nos instructions, et éviter surtout qu'on s'aperçoive à regret de l'étendue de nos pouvoirs qui doivent peu durer. »

Hoche réussit à pacifier en peu de temps tout le pays de la rive gauche de la Loire. Il passa aussitôt en Bretagne avec quarante bataillons et

douze escadrons. Suivant son habitude, avant
d'avoir recours aux moyens violents, Hoche s'a-
dresse au bon sens des populations ; il leur parle
comme un père parle à ses enfants qui se sont
détournés de leurs devoirs, avec bienveillance et
affection. Il leur montre les bienfaits de la liberté, qui permet à chacun la jouissance de ses
droits sous la protection des lois. Il leur montre
les autres provinces de la France, et compare leur
état misérable d'autrefois avec leur état actuel :
le peuple votant lui-même ses impôts, contrôlant
l'emploi des deniers publics, arrivant, dès qu'il
en est capable, à tous les emplois ; il cite son
propre exemple, lui qui, de pauvre aide palefrenier, est arrivé au grade de général ; il leur parle
de la patrie, du devoir qui attache tous ses enfants
à elle.

« Pourquoi portez-vous les armes, mes amis?
leur dit cet excellent patriote. Est-ce pour rétablir vos seigneurs, leurs droits féodaux, la dime,

les corvées personnelles, la gabelle, les impôts et billots, etc., etc.? Armez-vous donc contre eux, et non pas contre nous, qui voulons vous rendre à vos droits naturels. »

Toutefois, l'entêtement des paysans était tel, qu'ils ne se rendirent pas à ces bonnes paroles si loyales et si françaises. Ils étaient d'ailleurs entretenus dans leur esprit de rébellion par la misère qui les aigrissait et qui nourrissait dans leurs cœurs des idées de haine et de vengeance.

Hoche, dans ces circonstances douloureuses, fut admirable de patience. Avant d'employer la force, il s'adresse encore une fois aux habitants des campagnes; mais qu'ils le sachent, il est décidé à frapper, s'ils ne se rendent à ses avis, et il sera inexorable.

« Ecoutez, habitants des campagnes! Je viens à vous l'épée dans le fourreau, ne me forcez pas d'en faire usage; craignez d'attirer sur vos têtes, par une résistance désormais impossible, tout le poids de la vengeance nationale.

« Il faut se soumettre ou périr. Quatre mois n'ont pas suffi pour faire rentrer la Vendée dans le devoir. Les Vendéens, aussi braves et aussi résolus que vous pouvez l'être, n'ont pas rougi de déposer leurs armes; imitez-les. N'attendez pas que l'éclat de la foudre vous réveille trop tard. La simplicité de vos travaux champêtres vous destinait à être heureux. Pourquoi vous êtes-vous armés contre nous? Ne voyez-vous pas où vous guident le fanatisme et l'inexpérience? Abandonnez ces chefs ambitieux et cruels qui veulent fonder leur fortune sur les débris de la vôtre. N'obéissez plus à ces hommes qui vous traitent en maîtres. Livrez-les à la justice, s'ils ne veulent pas cesser leurs brigandages. Prenez-y garde, mes troupes approchent; pourrai-je jamais arrêter leur impétuosité, lorsqu'elles seront lancées contre vous? Croyez-moi, venez à nous, épargnez votre sang, le nôtre, et hâtez l'instant du repentir. »

Ces paroles sages et fermes font réfléchir les factieux. Beaucoup se rendirent à ces conseils dictés par le patriotisme le plus pur, et abandonnèrent leurs chefs. Hoche les prit aussitôt sous sa protection et se les attacha par sa bonté.

Il restait encore à soumettre Georges Cadoudal. A la tête de plusieurs bandes de paysans et de nobles, il continuait ses brigandages. Hoche le défit en plusieurs rencontres, et accorda la vie sauve à ses prisonniers, à la condition qu'ils quitteraient aussitôt la France. Quant à Cadoudal, il parvint à s'échapper et gagna l'Angleterre.

La pacification était complète; trois mois avaient suffi au général Hoche pour mener à bonne fin cette tâche énorme, contre laquelle était venue se briser l'habileté de onze généraux en chef.

Ce fut une joie universelle en France quand on apprit la bonne nouvelle de la pacification de la

Vendée. Le Directoire l'annonça solennellement au Corps législatif, qui déclara que Hoche avait bien mérité de la patrie (juillet 1796). En outre, pour que l'illustre général conservât un gage de la reconnaissance nationale, on lui fit présent « des deux plus beaux chevaux existant au dépôt de la guerre, avec les harnais et une paire de pistolets de combat de la manufacture de Versailles, comme marque de satisfaction, disait le décret, pour les services qu'il a rendus à la patrie et pour honorer, dans sa personne, les braves défenseurs qui, sous ses ordres, ont terminé la longue et malheureuse guerre de la Vendée et des Chouans. »

CINQUIÈME VEILLÉE.

Hoche en Irlande. — Armée de Sambre-et-Meuse.
— Victoire de Neuwied. — Anniversaire du
10 août. — Armées de Sambre-et-Meuse et de
Rhin-et-Moselle. — Le 18 fructidor. — Mort de
Hoche. — Conclusion.

— Comme je vous l'ai dit dernièrement, reprit
Pierre Gérard, Hoche nourrissait le projet d'attaquer les Anglais dans leur île. La guerre de Vendée
terminée, le général reprit son idée première, et
plus que jamais fut d'avis de faire retomber sur le
cabinet britannique le fléau de la guerre, que
celui-ci avait déchaîné et entretenu chez nous.
A cet effet, Hoche se rendit à Paris, et alla soumettre son plan au brave et habile Turquet, le

ministre de la marine. Ce dernier applaudit aux desseins du jeune général, trouva l'idée pratique et le moment opportun.

Pitt avait, en effet, sacrifié de grandes sommes d'argent et avait vu ses espérances s'évanouir; l'opposition anglaise contre le ministre ennemi de la France croissait de jour en jour; l'Irlande, enfin, dont la situation était comparable à la malheureuse Pologne, soulevait le joug de ses maîtres, et cherchait la liberté dans l'insurrection.

Turquet présenta Hoche au Directoire et plaida chaleureusement l'expédition d'Irlande. Le Directoire, après quelques hésitations, donna une réponse favorable, et investit Hoche des pouvoirs les plus étendus. La France entière applaudit à la résolution prise par le gouvernement. Il y a, en effet, une sympathie profonde entre la nation française et la nation irlandaise : même religion, même haine contre l'ennemi commun, l'Anglais,

même caractère loyal et quelque peu chevaleresque.

— Oui, interrompit le maire Barnin, ce sont
ces aspirations communes et les bienfaits que la
Révolution a rendus au peuple, qui lui ont fait
regarder l'Irlande comme une sœur digne de son
appui et de son affection. La misère horrible qui
était, avant 1789, le lot du peuple, en France, est
la même dans ce malheureux pays d'Irlande. Je
puis vous en parler en connaissance de cause,
mes amis; car j'ai eu tout le loisir de me rendre
compte par mes propres yeux de l'état misérable
où croupit ce pauvre pays, et du régime odieux
sous lequel le maintient l'égoïsme anglais. Le
sol, fertile, riche en mines de toute nature, couvert de beaux pâturages, pourrait suffire large-
ment aux besoins de la population. Mais l'Anglais est là qui maintient systématiquement la
misère, et cherche dans la dépravation du peuple
un moyen de domination.

Je vous citais les mines comme étant une des richesses de l'Irlande. C'est vrai, mais les Anglais seuls ont le droit de les exploiter; le terrain, bien cultivé, est partagé entre de grands propriétaires anglais, qui, en élevant démesurément le prix des fermages, maintient les habitants dans l'indigence et le besoin. Aussi le peuple ne se nourrit-il que de pommes de terre et de racines. Esclave dans son corps et dans sa personne, il n'a pas même la liberté de sa foi, et il est forcé, bien que catholique, de payer la dime à l'Eglise anglicane. Ces détails, vous les connaissez tous; mais il était bon de les rappeler, pour expliquer la satisfaction de la République française devant l'expédition décidée par son gouvernement.

— Voici, du reste, continua Pierre, un article publié à ce moment dans un des journaux les plus répandus, *la Sentinelle*, qui apprécie en ces termes la guerre d'Irlande :

« La misère et la servitude où la domination

du ministère anglais a réduit l'Irlande n'ont point anéanti l'énergie de son généreux peuple.

« Un esprit de mécontentement qui s'y manifeste depuis plusieurs années le dispose à recevoir avec enthousiasme tout changement favorable à son indépendance.

« Il y a en Irlande plusieurs partis, mais celui des *Irlandais unis* ou *indépendants* forme à lui seul les neuf dixièmes de la population, et ce parti peut être regardé comme la nation irlandaise.

« Or, il règne moins d'antipathie entre un Anglais et un Français qu'entre un Anglais et un Irlandais. La raison en est simple : l'Irlande, depuis qu'elle est conquise, n'est pour le cabinet de Saint-James qu'une colonie qu'il faut écraser de tout le poids de l'arbitraire.

« Qu'on juge de l'effet de cette conduite sur un peuple subjugué, pour qui les traitements les

plus doux pourraient à peine faire pardonner
l'usurpation des vainqueurs.

« Lors de la guerre avec l'Amérique, quelques
hommes énergiques avaient sonné le tocsin de
l'insurrection ; Grattam s'était écrié : « Ma poi-
« trine sera constamment oppressée ; je n'éprou-
« verai qu'une existence pénible, je ne goûterai
« point les charmes d'un doux sommeil, tant
« qu'un seul anneau de la grande chaîne qui pèse
« sur nous restera attaché aux pieds du dernier
« des paysans. »

« Quarante mille volontaires s'étaient liés par
les serments les plus solennels de périr ou de
vivre libres. Ils s'exerçaient journellement ; il leur
fallait un chef non moins politique que guerrier
pour se mettre à leur tête ; et le pays était dès
lors affranchi. Le chef attendu, quel homme était
plus digne de l'être qu'un des héros de la Révolution française ? Le moment semble donc être
arrivé. »

— Ce héros, reprit Pierre, était Hoche. Il se rendit à Brest, et se mit aussitôt à l'œuvre. La tâche était difficile et aurait découragé tout autre que lui. La flotte était en effet complètement désorganisée. L'effectif des hommes était réduit à plus de moitié ; les cadres des officiers étaient vides, le mauvais état de nos navires général. La question la plus sérieuse et la plus difficile à résoudre était celle des officiers. Des hommes, on pouvait à la rigueur s'en procurer ; mais des officiers capables de servir efficacement notre général, la chose était presque impossible. Les officiers de la marine sortaient tous, à peu d'exceptions près, des rangs¹ de la noblesse. Pendant la guerre de Vendée, ils avaient pris fait et cause pour l'émigration, et ils s'étaient joints aux adversaires de la République. Hoche ne se découragea pas et poursuivit son œuvre d'organisations. Malheureusement, il fut fort mal secondé par l'amiral de la flotte, Villaret-Joyeuse, qui lui

créait toutes sortes d'entraves et reculait toujours la date du départ. Il faut dire que le général
Hoche contrariait les projets de l'amiral, qui était
doublé d'un négociant, et qui, en cette qualité,
proposait d'attaquer les Anglais aux Indes, afin
de pouvoir vendre là-bas les marchandises dont il
avait rempli ses vaisseaux. C'était sans doute
d'un excellent armateur, mais c'était tout.

Le Directoire fut la dupe de cet homme, qu'il
ne pouvait supposer capable d'être dirigé par des
mobiles aussi mesquins. Hoche, de son côté,
cherchait en vain quels pouvaient être les projets de l'amiral en allant chercher l'ennemi si
loin, alors qu'on l'avait pour ainsi dire sous la
main.

« Pourquoi, écrivit-il au ministre de la marine, aller aux Indes? Il est au moins inutile,
sinon dangereux, de faire quatre mille lieues
pour aller combattre les Anglais qui sont à notre
porte.

« Ne serons-nous pas assurés que le cap de Bonne-Espérance, comme la Jamaïque, que toutes les possessions anglaises, en un mot, nous appartiendront au moment où nous marcherons sur Londres?

« Cela n'est point un rêve; si je ne suis point abandonné, j'en prendrai la route après les récoltes prochaines d'Irlande, dont l'expédition n'est à mes yeux qu'un moyen plus certain pour arriver au but. »

Le Directoire ouvrit enfin les yeux : il destitua Villaret-Joyeuse. Mais ses créatures restaient à tous les postes et dans tous les emplois où les avait placées leur protecteur, et créaient à notre général mille embarras. Aussi les jours se passaient-ils, et l'armement de la flotte n'avançait pas.

Hoche est indigné de ces lenteurs; il apprend que l'Irlande est en pleine insurrection et qu'elle vient de chasser un corps de dix mille Anglais.

Il n'y tient plus, il veut partir; la flotte le re-joindra sitôt qu'elle sera en mesure de le faire. Il a donné sa parole aux Irlandais de les secourir, il veut tenir sa promesse. Mais il ne peut partir sans avoir l'assentiment des membres du Directoire. Aussi lui écrit-il ces quelques mots :

« J'ai donné ma parole que j'irais trouver ce brave peuple, je dois la tenir.

« Permettez-moi de partir avec une frégate; vous m'enverrez cet hiver tel secours que vous jugerez convenable. Je demande une frégate, parce que l'escadre n'est pas prête à partir, et que, tandis qu'un peuple généreux et confiant brise ses fers, on nous fait ici les scènes les plus désagréables. »

Le Directoire refusa d'accéder à ce désir. Hoche dut attendre encore un long mois avant de se porter au secours des Irlandais. Il venait sans cesse se heurter contre le mauvais vouloir de l'amirauté.

« J'oserai presque répondre, écrivait Hoche au Directoire, qu'avant un mois, on nous assurera qu'il n'y a pas d'eau dans la mer. »

Vous vous imaginez facilement la vie insupportable que menait notre général, obligé de tout faire par lui seul, et d'avoir constamment l'œil à tout. Enfin, à force de travail, d'énergie, de persévérance, il est en mesure de lever l'ancre et de partir.

Mais il importait que les Anglais ignorassent le jour du départ et le but de l'expédition. La tâche était malaisée ; car Hoche était environné d'espions qui tenaient le cabinet de Saint-James au courant de ses moindres actions. Dans ces conjonctures, Hoche eut recours à un stratagème qui lui réussit complètement. Il avait appris qu'une somme de 100 louis avait été mise en dépôt et promise à l'imprimeur qui livrerait le secret. Il chargea aussitôt le citoyen Shée de faire, avec l'air du plus profond mystère, un manifeste au peuple portugais, et de le donner à traduire à un individu à qui il recommanda le secret le plus absolu. Ce dernier n'eut rien de plus pressé que de trahir sa promesse et de communiquer la proclamation aux espions anglais.

Pendant ce temps-là, Shée allait à Angers et y faisait imprimer la véritable proclamation adressée au peuple irlandais. Pitt, qui croyait l'expédition dirigée contre son gouvernement, respira plus librement quand il sut qu'elle l'était contre le Portugal. Toutefois, comme il redoutait quelque attaque prochaine ou future de la part de Hoche, il ne trouva rien de mieux à faire, pour se débarrasser de ce rival dangereux, que de le faire assassiner.

Hoche avait été prévenu qu'un émissaire anglais était débarqué récemment en France avec la mission de le tuer. Dans la soirée, il reçut un billet dans lequel on lui disait de prendre garde à lui, que sa vie était en danger. Hoche, l'ayant

lu, le jeta à terre, sans y faire plus attention. Il
se passait peu de jours, en effet, qu'il ne reçût
de semblables messages, et il avait pris le parti
de les dédaigner. Le soir, comme il sortait du
théâtre de Rennes, accompagné des généraux
Debelle et Hedouville, un homme, embusqué sous
une porte cochère, lui tira à bout portant plusieurs coups de pistolet. Soit que l'émotion ou
toute autre cause eût fait dévier l'arme, personne
ne fut atteint. Aussitôt arrêté par les passants,
l'assassin fut amené devant Hoche. Il se jeta aux
pieds du général, confessa son crime, et, implo-
rant sa grâce, il déclara que la misère l'avait
poussé à commettre cet attentat odieux.

Hoche, ému devant la douleur de ce misérable, lui dit : « Malheureux! as-tu une femme
et des enfants? — Oui, » répondit Guillaumot
(c'était le nom de l'assassin). Et il ajouta en san-
glotant qu'on lui avait promis 100 louis pour tuer
le général, mais qu'il n'avait reçu que 6 livres.

Hoche envoya aussitôt 25 louis à la femme de cet homme, pour assurer sa subsistance et celle de ses enfants.

Une autre fois, Hoche fut averti qu'on allait l'empoisonner. Deux jours après avoir reçu cet avis, il fut pris, durant son repas, de douleurs horribles. Il crut que sa dernière heure était venue, et, se faisant porter sur son lit, il attendit stoïquement la mort au milieu de souffrances inouïes. Grâce à des vomissements successifs et à sa robuste constitution, le mal diminua, et, au bout d'une semaine, il pouvait reprendre ses occupations.

Malgré sa faiblesse et de grandes pesanteurs de tête, il continue ses préparatifs, et le 25 frimaire la flotte était prête à partir. Les troupes comptaient quinze mille hommes, sous les ordres des généraux Lemoine, Grouchy et Harty. C'était la première armée qui devait opérer le débarquement; la flotte devait revenir ensuite à Brest

prendre les renforts que le Directoire allait diriger sur cette place.

Hoche, après avoir réuni ses généraux, leur
indique la baie de Bantry, en Irlande, comme
lieu de ralliement. En même temps il remet à
chacun d'eux des ordres cachetés, dont ils ne
doivent prendre connaissance qu'à leur arrivée en
Irlande.

Hoche était monté sur la frégate *la Fraternité*,
en compagnie de l'amiral Morard de Galles. Le
départ se fit en bon ordre ; mais à peine en pleine
mer, le vent se mit à souffler avec violence, et il
fut impossible à la flotte de marcher réunie. La
Fraternité prit une avance considérable, fut ensuite retenue par le vent, et dut, pour échapper
aux croiseurs anglais, faire de grands détours.
La flotte, après avoir subi des pertes cruelles,
arriva enfin : neuf vaisseaux manquaient à l'appel, et parmi eux celui que montait Hoche. On
l'attendit pendant plusieurs jours, la *Fraternité*

n'arrivait pas. Privés de leur général en chef, Bouvet et les généraux ses collègues, après avoir débarqué, n'osent prendre sur eux de se joindre au corps irlandais qui est venu à leur rencontre avec des démonstrations de joie ; ils croient que leur chef est tombé au pouvoir des Anglais ; ils désespèrent du succès de l'expédition, se rembarquent et rentrent, sans avoir tiré l'épée, dans le port de Brest, qu'ils avaient quitté si pleins d'espérance quinze jours auparavant.

Cependant, la *Fraternité*, après avoir lutté pendant plusieurs jours contre une mer furieuse, et après avoir échappé comme par miracle aux croisières ennemies, arriva dans le port. Hoche le trouva désert. Inquiet, il envoya à terre une chaloupe avec des hommes, qu'il chargea de prendre des informations. On leur répondit que la flotte française était partie depuis longtemps déjà. A cette terrible nouvelle, Hoche entra dans un sombre désespoir. Il voit le résultat de ses fa-

tigues, le but de ses plus chères espérances dé-
truit en un instant. N'écoutant que sa douleur, il
voulut débarquer et se mettre seul à la tête de
l'insurrection. Ses amis le supplièrent de renoncer à un pareil dessein, et lui montrèrent l'impossibilité d'une lutte entreprise dans des conditions semblables. Hoche restait inébranlable.
Enfin, la raison reprit le dessus, et, le cœur navré,
il s'éloigna des côtes de l'Irlande.

Les mêmes dangers qu'il venait de courir, il
les trouva à son retour. Plus d'une fois, il faillit
tomber au pouvoir de l'ennemi. Enfin, on aperçut
les côtes de France; dans quelques heures on
allait être en sûreté, quand soudain la frégate
heurta violemment un rocher. Heureusement, la
mer était basse à cet endroit; on put à grand'-
peine gravir le rocher, où l'on passa la nuit.

Le lendemain matin, Hoche était à la Rochelle
avec tout son équipage. Sans prendre aucun repos, il se rendit à Paris, brûlant de recommencer

sa tentative. Il courut chez le ministre et lui montra avec éloquence la nécessité absolue qu'il y avait de tenir la promesse faite aux Irlandais, et l'indignité qu'il y aurait à les abandonner à la vengeance de l'Angleterre.

Pendant ces négociations, il apprit que le Directoire venait de le nommer au commandement de l'armée de Sambre-et-Meuse. Il n'abandonna pas pour cela son projet, et il alla trouver les membres du gouvernement, leur rappelant les engagements pris avec l'Irlande, et l'injustice qu'il y aurait à ne les pas tenir. En même temps il priait le ministre de la marine de faire de nouveaux préparatifs en vue d'une expédition prochaine.

« Equipez votre escadre, lui dit-il ; expulsez, sans aucune exception, tout ce qui tient à la faction Villaret-Joyeuse ; placez, avancez quelques officiers dont j'ai pu apprécier les talents et le dévouement, et je suis prêt à m'embarquer.

« Le Directoire vient de me confier le commandement de l'armée de Sambre-et-Meuse. Cette armée est désorganisée ; j'en connais les éléments divers ; j'y pourrai rétablir l'harmonie ; je vais m'y rendre autant comme administrateur que comme chef militaire.

« Je vais créer, réorganiser ; vous, hâtez-vous de réformer votre marine. Je m'attache irrévocablement à sa destinée.

« Ecrivez-moi dès que ces dispositions seront achevées, et aussitôt j'appelle un général pour me succéder ; je quitte à l'instant les bords du Rhin pour voler à ceux de l'Océan. »

C'est tout plein de ces idées généreuses que le général Hoche prit congé des membres du gouvernement, et qu'il se rendit à son nouveau poste.

Hélas! mes amis, nous entrons dans l'année 1797, qui doit être la dernière de la vie de notre héros. Mais il aura cette suprême satisfaction de tomber devant l'étranger, au milieu de ses soldats bien-aimés.

Suivons-le au camp de sa nouvelle armée. Il était occupé à réprimer l'esprit d'indiscipline qui sévissait et à combiner les opérations de la campagne. Grâce à son énergie, à sa fermeté et à sa sévérité quelquefois, il put dire, après un mois de séjour parmi ses troupes, « qu'il n'était pas possible de voir une armée plus belle, plus brave et mieux disciplinée que l'armée de Sambre-et-Meuse, » et il ajoutait avec un légitime orgueil : « On doit être fier de commander à de tels hommes. »

Il faut vous dire, mes amis, que nous menions une existence terrible, campés comme nous étions dans la neige, sous le feu incessant de l'ennemi, combattant à toute heure du jour et de la nuit, ne mangeant que du pain noir, et grelottant sous nos vêtements déchirés. Dans une situation aussi pénible, on perd vite les sentiments

de délicatesse et d'honnêteté scrupuleuses ; il fallait vivre à tout prix ; et quand on trouvait l'occasion d'augmenter un peu la pitance du soir, on
ne regardait pas à piller une ferme et à faire
main basse sur les provisions. On allait journellement à la maraude, et quelquefois même on
maltraitait les paysans, lorsqu'ils s'opposaient au
sac de leur cave ou de leur poulailler. Les officiers, aussi malheureux que leurs hommes, fer-
maient les yeux devant ces méfaits. Souvent ils
faisaient bien quelques exemples, quand le délit
était trop grave ; mais les soldats, aigris par la
misère, recommençaient le lendemain.

Hoche réprima le plus qu'il put ces écarts à la
discipline.

Les victimes de la guerre écrivaient au Directoire, demandant qu'on les indemnisât. Le
Directoire s'émut de ces plaintes et envoya sur le
Rhin deux commissaires, Holtz et Poissant, pour
faire une enquête. Ils remplirent avec conscience

leur mission délicate, et déclarèrent au Directoire que les exactions du soldat cesseraient du jour où il confierait au général Hoche l'administration du pays. Ce dernier, qui partageait cette façon de voir, accepta, et le Directoire n'eut qu'à se féliciter de sa décision.

Hoche organisa aussitôt ses troupes, prit toutes ses dispositions, et déclara à l'ennemi, le 24 germinal, que la fin de l'armistice était arrivée et que les hostilités allaient reprendre de plus belle. Son but était de renverser les Autrichiens, de les poursuivre jusque dans leur capitale. Surpris de cette déclaration, ceux-ci mandèrent à notre général qu'un nouvel armistice avait été conclu en Italie, et le prièrent de vouloir bien suspendre les hostilités jusqu'à ce que la nouvelle officielle leur en fût parvenue. Hoche répondit qu'il avait des ordres formels de son gouvernement et qu'il devait s'y conformer. Donnant en même temps avis au Directoire, par un courrier extraordinaire, de la demande du général autrichien, il ajoutait :

« Quelle que soit votre décision, citoyens directeurs, je crois devoir vous soumettre que, l'armée étant forte de quatre-vingt-six mille hommes, j'en peux porter à l'instant soixante-dix mille sur le Danube, et contraindre l'ennemi à une paix plus avantageuse pour la République. »

Le 27, la gauche de l'armée française, sous le commandement du général Championnet, réunie au delà de Dusseldorff, sur la Wupper, passa cette rivière et vint prendre position dans la plaine de Mulheim, près de Cologne. Le lendemain 28, elle passa la Sieg sur deux ponts et vint s'établir à Weyenbach.

Le reste de l'armée était prêt à passer le Rhin, le jour suivant. Dans la nuit, arrive une lettre du général autrichien Kray, qui commandait un corps d'armée sous Neuwied. Dans cette lettre, il annonçait l'envoi d'un officier parlementaire, muni de pleins pouvoirs pour traiter des conditions d'un armistice.

Hoche attendit toute la nuit inutilement. Le 29, il donna l'ordre de marcher en avant. Le brave général Lefèvre, avec l'avant-garde, passa le pont de Neuwied et se forma dans la plaine.

Les généraux Lemoine, Grenier et Olivier suivaient avec leurs divisions, ainsi que les chasseurs à cheval et les hussards, sous les ordres des généraux Richepance et Ney.

Hoche était occupé à disposer ses troupes, quand il apprit l'arrivée du parlementaire ennemi. Tandis qu'il conférait avec lui, les Autrichiens, avec une déloyauté insigne, ouvraient un feu général sur le front de nos lignes. Nos soldats, indignés, répondent par une défense terrible, et se lancent en avant à la baïonnette sur les redoutes réputées inaccessibles de l'ennemi. Hoche fait avancer sa droite pour le tourner, tandis que lui-même, à la tête du deuxième régiment de chasseurs, coupe la ligne des Autrichiens et culbute leur cavalerie. L'armée ennemie, assaillie de toutes parts, fléchit. En peu de temps, elle est en pleine déroute et est poursuivie vigoureusement par nos braves soldats, l'épée dans les reins.

Dans le même temps, le général Lefèvre enlevait les redoutes de gauche qui étaient devant lui, mettait l'ennemi en fuite et le poursuivait jusqu'à Mont-Thabor.

Une division particulière, aux ordres du général Watrin, ayant passé le Rhin pendant la bataille de Neuwied, avait rencontré l'ennemi, affolé de peur, sur la rive droite du fleuve, et le forçait à rentrer dans Ehrenbreitstein, dont elle formait le blocus.

De son côté, Championnet poursuivait sa route au delà de la Sieg, et enlevait Vekeralt et Altenkirchen.

Hoche poussait l'ennemi devant lui, le bousculait à Dierdoff et en prenait possession. La victoire était complète : la journée de Neuwied coûtait aux Autrichiens mille morts, huit mille prisonniers, vingt-sept pièces de canon, sept drapeaux, cinq cents chevaux, des munitions en abondance et des bagages.

Durant tout le combat, Hoche avait été superbe de courage et de froide intrépidité. Le soir, pour fêter cet éclatant succès, ses officiers lui offrirent un banquet. Il se rendit de grand cœur à leur invitation ; mais, au milieu du repas, il se leva, et, s'adressant à ses convives : « Continuez de souper, leur dit-il ; il faut, quant à moi, que je m'occupe de vous préparer à diner pour demain. »

Un incident plaisant se produisit pendant la rédaction du rapport que faisait le général Hoche pour les membres du Directoire. Ses officiers généraux, assis autour de lui, écoutaient la lecture de ce document, qui relatait leur valeur à tous,

lorsque, arrivé à ce passage : « L'armée a pris
sept drapeaux, » Lefèvre se leva et dit : « Mais,
moi, j'en ai pris sept aussi, général ; ça fait
quatorze. — Non, répondit Hoche avec bonté,
non, mon ami ; il n'y a que sept drapeaux comme
il n'y a qu'un Lefèvre. »

Le lendemain, Hoche, voulant tirer de sa victoire tout le parti possible, donna l'ordre de se
porter en avant.

Lefèvre allait entrer dans la ville de Francfort,
quand un courrier, arrivant à bride abattue, lui
remit une dépêche annonçant la signature des
préliminaires de Léoben, que devait suivre le
traité de Campo-Formio. Furieux d'être arrêté
dans son triomphe, Lefèvre froissa la malencon-
treuse dépêche avec colère et dépit, et, s'adressant au pauvre diable tout interloqué : « Ton-
nerre ! s'écria-t-il, tu aurais bien dû t'amuser en
route à boire une bouteille de vin. »

A la nouvelle de l'armistice, Hoche écrivit

aussitôt au général Berthier, chef de l'état-major
de l'armée d'Italie :

« Freidberg, 4 floréal.

« Je dois me féliciter avec tous les Français de
la bonne nouvelle que vous voulez bien me
transmettre. Nous n'oublierons jamais que c'est à
vos travaux que nous devons la paix et ses inesti
mables résultats. »

Il écrivait en même temps au Directoire :

« Après avoir fait trente-cinq lieues en quatre
jours, et obtenu la victoire dans trois batailles et
cinq combats, l'armée de Sambre-et-Meuse a
appris avec la plus douce émotion, sur les bords
de la Nidda, la nouvelle de la paix.

« Si cet acte de bienfaisance est le fruit de la
valeur française, il n'en est pas moins dû à vos
travaux et à votre constance. »

Hoche s'occupa aussitôt d'installer son armée
dans la position la plus avantageuse, et lui adressa
l'ordre du jour suivant :

« Soldats, c'est par le courage et l'obéissance que vous avez vaincu. Par l'ordre, la discipline et le respect des propriétés, vous vous montrerez dignes d'avoir vaincu et conserverez le fruit de la victoire. »

Immobilisé par suite des circonstances sur les rives de la Nidda, Hoche songea aussitôt à reprendre l'expédition d'Irlande, et trouva dans le Directoire le consentement qu'il désirait. Enfin, il va pouvoir payer la dette qu'il a contractée envers les Irlandais. Mais les royalistes avaient pris l'éveil; ils rêvaient toujours une restauration, et, pour arriver à leur but, ils ne craignaient pas de se faire les complices de l'Angleterre. Il est vrai d'ajouter que Pitt, le ministre anglais, l'ennemi juré de la France, épiait toutes les actions, toutes les allées et venues du général républicain, qu'il redoutait plus que tous les autres généraux de la France.

Hoche sentait la nécessité de frapper un coup

terrible qui vint détruire à jamais les projets des
royalistes, et c'est en ces termes qu'il avait répondu au représentant du peuple Marbot, qui lui
demandait s'il était prêt à seconder le Directoire
pour faire triompher la République :

« La victoire est aux patriotes, si l'on veut me
seconder avec énergie; je compte sur quelques
hommes de cœur dans le Corps législatif et sur
trois directeurs; mais on ne sent pas assez la nécessité de prendre un parti sur-le-champ; cependant, les progrès de la royauté deviennent tous les
jours effrayants; Louis XVIII peut être sur le
trône avant quinze jours, si l'on ne frappe un coup
vigoureux.

« Les troupes qui étaient destinées à l'expédition d'Irlande se trouvent fort heureusement
placées sous la main du Directoire; leur solde est
assurée; aussitôt qu'elles en recevront l'ordre,
elles seront à Paris avant deux jours.

« — Êtes-vous sûr de vos troupes? répliqua

Marbot. Vos chefs de corps oseront-ils fouler un moment à leurs pieds le prestige de la représentation nationale? Auront-ils le dévouement intrépide de ne pas balancer entre la crainte de la destitution, de l'échafaud même, et l'exécution de vos ordres?

« — Je suis assuré des officiers et des soldats, dit Hoche; les uns et les autres sont républicains, ils respecteraient le Corps législatif, s'il défendait la liberté; ils le méconnaîtront toutes les fois qu'il favorisera la marche des contre-révolutionnaires. Un Corps législatif qui n'est point populaire ne peut avoir l'armée pour lui. »

Certes, il en coûtait beaucoup à Hoche de faire marcher ses soldats contre ses concitoyens; mais l'intérêt public passait avant tout, et il était résolu à faire son devoir, quelque pénible et quelque douloureux qu'il fût en pareille circonstance.

« Je vaincrai les contre-révolutionnaires, répondit-il au Directoire ; mais quand j'aurai sauvé la patrie, je briserai mon épée. »

Il connaissait pleinement l'habileté des émigrés et des royalistes, qu'il avait vus à l'œuvre dans la guerre de Vendée. Il avait une copie originale des projets contre-révolutionnaires que le fameux Cormatin devait exécuter.

Eventée par les agents anglais et royalistes, l'expédition d'Irlande était rendue presque impossible à réaliser. Le gouvernement n'avait pas d'argent ; notre marine était dans une condition déplorable, et les troupes mises à la disposition de notre général étaient trop peu nombreuses pour qu'on pût espérer réussir.

Hoche, blessé au fond du cœur, dut céder devant de pareils obstacles. Laissant de côté l'Anglais et l'Angleterre, dégoûté de jouer, comme il le disait, « le Don Quichotte des mers, » il porta toute son attention sur l'attitude des royalistes, décidé à s'opposer de tout son pouvoir au succès

de leur cause. On ne parlait à Paris et par toute
la France que de conspiration royaliste ; les esprits étaient agités ; l'armée s'inquiétait. Hoche
lui adressa, le 16 thermidor (5 août), l'ordre du
jour suivant, pour calmer son malaise et lui
montrer son devoir :

« L'armée doit être calme et tranquille sur les
malheurs que quelques agitateurs méprisables
emploient pour renverser la liberté.

« J'ai été à portée de me convaincre par moi-
même que le Directoire exécutif a pris et prendra
constamment les mesures nécessaires pour assurer à la nation le prix des efforts qu'ont faits
les armées depuis six ans pour son bonheur et sa
gloire.

« L'armée peut compter avec confiance que les
membres du Directoire exécutif feront le sacrifice
de leur existence plutôt que de souffrir qu'il soit
porté atteinte à la constitution de l'an III, et que
les officiers généraux donneront toujours l'exemple

du dévouement dans le cas où la liberté serait menacée. »

En même temps, pour que la contre-révolution ne se méprît pas sur l'esprit qui l'animait, Hoche profita du repos que la paix laissait aux troupes, pour fêter avec éclat l'anniversaire de la journée du 10 août, dans laquelle Louis XVI avait perdu sa couronne. Sur l'ordre de Hoche, un détachement de tous les corps d'armée se rendit à Wetzlar, et là, en présence de la population, les troupes se livrèrent à une manifestation imposante en faveur de la République, au milieu des salves d'artillerie et de la musique militaire. Le soir, dans un banquet où étaient réunis tous les officiers, on but à la nation, à la République. Le général Lefèvre porta un toast « à la tranquillité publique, aux membres du Conseil des Cinq-Cents qui veulent le maintien de la constitution. » Le général Legrand but « au 10 août, » et le général Debelle « au Directoire exécutif. »

Un bal termina cette fête, qui s'était passée dans le plus grand calme, et à laquelle s'étaient associées les populations. A Paris, elle eut un grand retentissement et effraya les royalistes, qui escomptaient déjà le succès de leurs intrigues.

Mais le Directoire avait ouvert les yeux, et, par un coup de vigueur inouï et qui ne coûta pas une goutte de sang, il sauva le pays, le 18 fructidor (4 septembre).

« Vive la République ! Venez vous réjouir avec moi, mes amis ; la République triomphe, les traîtres ne sont plus ! » s'écria Hoche à la nouvelle de l'écrasement des projets royalistes.

Et aussitôt il écrivit au Directoire pour le féliciter de son triomphe, qui était celui de la Révolution sur l'ancien régime, et en même temps il lui annonçait qu'il prenait provisoirement, ainsi qu'il en avait reçu l'ordre, le commandement des deux armées de Sambre-et-Meuse et de Rhin-et-Moselle.

Cependant, Hoche souffrait depuis longtemps déjà d'un mal intérieur, qui le rendait triste et mélancolique. Toutefois, il ne se relâchait en rien de ses devoirs et entourait ses soldats de la même sollicitude. A Francfort, il avait consulté un docteur allemand, qui lui indiqua une recette merveilleuse, disait-il. Mais le mal ne fit qu'empirer, et, le 30 fructidor, il envoyait chercher son médecin ordinaire. Hoche était dans un état pitoyable, souffrant dans tout son corps et respirant avec peine. Enfin, la crise cessa un moment. Il donna quelques signatures et ses ordres pour le service journalier. Plus fort que son mal, il faisait bonne contenance, et pria un de ses officiers de chanter, en présence de son médecin, le couplet de la *Précaution inutile* :

> Votre savoir, mon camarade,
> Est d'un succès plus général,
> Car, s'il n'emporte point le mal,
> Il emporte au moins le malade.

Dans la soirée du 18 septembre 1797, sentant sa fin approcher, il dicta ses dernières volontés à son secrétaire, serra la main de ses amis, embrassa sa femme, qui était abîmée de douleur, et, réunissant le peu de souffle qui lui restait : « Adieu, mes amis! murmura-t-il d'une voix entrecoupée, adieu! Dites au gouvernement de veiller sur la Belgique. Adieu.... » Il expirait.

Pierre Gérard s'arrêta, impuissant à cacher l'émotion que lui causait ce souvenir encore tout récent. L'assemblée, gagnée par la douleur de l'orateur, gardait le silence.

Après quelques moments, Pierre reprit :

— Oui, mes amis, Hoche était mort, dans une auréole de gloire, à peine âgé de vingt-neuf ans. Ce fut une désolation générale quand l'armée apprit la triste nouvelle, la perte du chef chéri que la mort venait de frapper.

Le chef d'état-major de l'armée, le brave

Chérin, adressa aux troupes l'ordre du jour suivant :

« La République vient de perdre un de ses plus braves soutiens; l'armée, un père, un ami, qui, jusqu'à ses derniers moments, n'a cessé de s'occuper de ses besoins.... Le général Hoche n'est plus! »

Comment ce héros était-il mort? Le poison l'avait-il tué? Question terrible, que peut-être l'on ne pourra jamais résoudre.

L'armée fit de magnifiques funérailles à son chef. Il fut décidé que le héros serait enseveli à Petersbourg, dans le camp retranché de Coblentz, à côté de son frère d'armes, le général Marceau.

Ce fut Championnet qui fut chargé de cette douloureuse cérémonie.

« Veuillez bien, cher camarade, écrivit-il au général Soult, faire élever un tombeau en gazon pour rendre les derniers devoirs au général Hoche.... Toutes les troupes défileront autour du tombeau et feront les décharges prescrites par l'ordonnance ; les officiers seront en crêpe, ainsi que les drapeaux, et les caisses des tambours voilées en noir. »

Le char qui portait le cercueil était traîné par six chevaux drapés de noir. Aux angles du cercueil flottaient les drapeaux de la nation, avec les inscriptions suivantes :

> *Général en chef à 24 ans* . . . an Ier.
>
> *Il débloqua Landau.* . . . . . . an II.
>
> *Il pacifia la Vendée.* . . . . . . an III, IV.
>
> *Il vainquit à Neuwied.* . . . . an V.
>
> *Il chassa les fripons de l'armée.* an V.
>
> *Il déjoua les conspirateurs.* . . an V.

A chaque village qui était sur l'itinéraire du cortége, l'approche des restes illustres du héros était annoncée par six coups de canon ; les troupes cantonnées prenaient les armes, les habitants sonnaient leurs cloches, et, par leur douleur, rendaient hommage à celui qui s'était toujours efforcé de leur alléger les charges de la guerre.

Les ennemis rendirent également hommage à la mémoire du jeune général, dont ils appréciaient le génie et la loyauté chevaleresque.

Arrivée à Petersbourg, la dépouille mortelle de Hoche fut déposée auprès de Marceau. Avant de quitter celui qu'il avait aimé comme un frère, le général Lefèvre s'avança près de la tombe de son ami, et dit ces quelques paroles :

« Mes chers camarades,

« La mort, qui ne nous a jamais paru redoutable, se montre à nos yeux d'une manière terrible ; elle anéantit d'un seul coup la jeunesse, les talents et les vertus.

« Mes chers camarades, Hoche n'est plus ! La parque meurtrière a terminé ses jours, et, dans un instant, il ne nous restera plus de lui que le souvenir de ses vertus et le tableau de ses exploits. Consacrons cet instant à lui rendre le dernier témoignage de notre profonde affliction.

« Que la foudre guerrière qui a éclairé ses nombreux triomphes apprenne à l'univers entier que l'humanité a perdu un ami; la victoire, un de ses enfants; la patrie, un de ses défenseurs; la République, un appui; et nous tous, un ami sincère. »

Championnet s'avança à son tour et vint saluer son général.

« Au milieu des accents plaintifs qui se font entendre de toutes parts, dit-il, qu'il me soit permis d'élever ma voix et de consoler, par l'expression des regrets les plus douloureux, la cendre illustre du héros qui vient de nous être enlevé.

« Il est mort, ce jeune guerrier dans lequel la liberté se plaisait à voir l'un de ses plus fermes appuis; ni sa jeunesse, ni sa gloire, ni l'amour que nous lui portions, n'ont pu le préserver du coup fatal. Vertus, génie, talents, l'impitoyable mort a tout dévoré.

« Que dis-je? Le grand homme ne meurt point; s'il entre dans la tombe, c'est pour y commencer son immortalité. Appuyé sur de nombreux triomphes, le nom de Hoche passera à la postérité la plus reculée ; il dispersera sa gloire en cent lieux divers ; les plaines de Wissembourg, les murs de Landau, les rochers de Quiberon, les rives du Rhin, sont les monuments éternels qui attesteront aux siècles la grandeur de son courage et la profondeur de ses conceptions.

« Les talents militaires n'étaient pas les seuls que lui eût départis la nature ; conciliateur habile, autant que général consommé, il éteignit cette horrible guerre qu'avait allumée le fanatisme, qu'alimentait l'or de nos ennemis, et qui désola si longtemps nos plus belles contrées ; il sut rendre à la patrie des milliers d'enfants égarés, ramener le bonheur dans les lieux où il paraissait exilé pour toujours, et mérita, par là, le nom si doux de pacificateur.

« Hoche avait consacré son existence entière à la cause de la liberté; en vain les factions, qui tentèrent successivement de renverser la République, cherchèrent successivement à se l'attacher; inaccessible à tout autre sentiment qu'à celui de l'amour de la patrie, il dédaigna leurs offres et ne craignit pas de mériter leur haine.

« Persécuté et calomnié par elles, il opposa à la persécution une constance inébranlable dans ses principes; à la calomnie, sa vie, ses actions, et l'estime de ses frères d'armes.

« Récemment encore, lors de cette crise terrible qui menaça notre constitution, nous l'avons vu, marchant invariablement dans la ligne qu'il s'était tracée, mépriser les clameurs des traîtres, et donner au gouvernement une assistance qui a puissamment concouru à faire avorter leurs projets.

« Tant d'actions éclatantes, tant de services éminents rendus à la chose publique, et qui supposent une carrière plus longue que ne l'a été celle du héros que nous pleurons, lui ont acquis des droits à la reconnaissance et à l'admiration de nos derniers neveux.

« Pour nous, qui avons vécu avec lui, combien d'autres motifs viennent augmenter la douleur dont nous accable sa fin prématurée. Plutôt le père que le chef de ses soldats, il était sans cesse occupé de leurs besoins.

« Portant déjà dans son sein le germe destructeur, en proie à des douleurs souvent insupportables, il fut sourd aux sollicitations de ses amis alarmés; il se refusa à ce repos qui eût pu prolonger ses jours.

« Ombre vénérée d'un héros magnanime, vois la consternation profonde que ta perte a répandue parmi nous. Jouis des regrets que tu nous laisses;

jouis de l'assurance que, pour être sorti de la vie, tu ne cesseras pas d'être utile à ton pays.

« Tu nous laisses de grands exemples. Toujours nous nous efforcerons de les imiter. A de nouveaux combats, l'ennemi reconnaîtrait les soldats accoutumés à vaincre sous toi. »

D'autres généraux vinrent dire un dernier adieu à leur ami.

Un grenadier, sortant des rangs, s'approcha de la tombe entr'ouverte, et y déposa une couronne de laurier. « Hoche, c'est au nom de l'armée que je te donne cette couronne. »

La patrie s'associa tout entière au deuil du plus illustre de ses enfants.

Toute la France célébra la mémoire du héros.

A Paris, le Directoire convia le peuple, l'armée et tous les corps de l'Etat, au Champ de Mars, et là, l'illustre Daunou se fit l'interprète de ce deuil national.

Qu'il me soit permis, mes amis, de saluer à

mon tour cette âme vaillante, que je considère comme l'expression la plus parfaite de la patrie et de la liberté. Nous tous qui l'avons vu grandir autour de nous, entretenons parmi nos enfants le culte de cette illustre mémoire, et nous serons sûrs d'en faire, sinon de grands hommes, du moins des citoyens honnêtes, courageux, dévoués à leur pays et à la République.

FIN.

TABLE.

—

FIN DE LA TABLE.

Rouen. — Imprimerie MÉGARD et Cⁱᵉ, rue Saint-Hilaire, 138.

CHARLOTTE CORDAY.

Marie-Anne-Charlotte Corday d'Armans naquit le 27 juillet 1768, dans une chaumière de la commune de Saint-Saturnin, en Normandie. Son père, descendant du grand Corneille, et sa mère, Jacqueline-Charlotte-Marie de Gautier des Antiers, étaient peu fortunés, mais d'une vieille noblesse.

Charlotte passa au milieu des champs sa première enfance. On la voyait souvent courir, petite fille, vêtue d'une simple robe de toile et les cheveux au vent, sous la forêt de pommiers qui borde la route, ou folâtrer près d'une source voisine qui coule au milieu des osiers et des joncs,

et dans laquelle elle puisait l'eau dans le creux de
sa main.

Elle fut élevée dans un couvent de Caen, dit
l'Abbaye des Dames, fondé au xie siècle par
Mathilde, femme de Guillaume le Conquérant.
Elle apprit dans cette maison à écrire, à faire de
la tapisserie, à dessiner surtout.

En sortant du couvent, elle fut confiée à
Mme Coutellier de Bretteville-Gourville, sa tante
à la mode de Bretagne, veuve sexagénaire, qui
demeurait à Caen, et chez laquelle elle se livra à
de sérieuses études.

Elle était reçue avec cette tante dans les premières sociétés de la ville, où on la considérait
comme une jeune personne fort instruite et fort
aimable, mais aux manières un peu trop décidées.

« A vingt-deux ans, elle était, dit M. H. Ar-
mand, d'une taille moyenne, d'une forte stature,
et pourtant légère et élégante ; pas un mouvement
en elle qui ne respirât la grâce et la modestie ;
bouche belle et bien garnie, nez bien fait, cheveux
châtains, des yeux magnifiques, bleus et ombragés
par de longs cils ; les traits admirables et un peu
sévères ; les bras dignes de servir de modèles. »

« Sa parole élégante et réservée, dit M. Dubois dans son *Essai historique*, était remarquable par la justesse, la mesure, la netteté et le naturel d'une noble simplicité.

« C'était une fière et belle fille, qui ne chantait pas comme les autres, qui riait peu et qui passait son temps à lire ; elle était en grande réputation de sagesse et de beauté. »

Malgré sa jeunesse, Charlotte se préoccupait beaucoup des événements du temps, lisait les feuilles publiques, et, toute jeune fille, cherchait à se former déjà une opinion. Elle se passionna surtout pour les Girondins. Quand elle les vit tombés, opprimés, dévoués à la hache révolutionnaire, elle s'étonna ; comment étaient-ils repoussés par la Révolution, ces hommes qu'elle considérait, elle, comme des héros, comme des demi-dieux ?

Le triomphe des Montagnards remplit les départements de stupeur et d'effroi. Mlle Corday entendait chaque jour de nouvelles déclamations où l'on peignait la France en proie à des monstres qui la couvraient d'échafauds et qui allaient faire couler le sang dans tout le royaume. Déjà, disait-on, ils avaient arrêté leurs listes de proscription : deux mille cinq cents victimes étaient désignées à Lyon, trois mille à Marseille et huit mille à Paris.... Ces horribles paroles de Marat : « Jamais la machine ne marchera que le peuple n'ait abattu deux cent mille têtes, » parvinrent aussi à ses oreilles. Elles lui causèrent une telle impression, une telle indignation, qu'elle se crut appelée à quelque chose de grand, qu'elle s'imagina qu'à elle, et à elle seule, était réservée la noble mission de sauver son pays. « Je périrai, se dit-elle, mais je sauverai la vie à une multitude d'hommes généreux ; l'anarchie n'aura plus de chef, la guerre civile plus de provocateur, et la patrie me devra son salut.... »

Depuis que Charlotte eut pris cette résolution si étrange, si extraordinaire pour une femme, une jeune fille de vingt-cinq ans, elle ne songea plus qu'au moyen de l'exécuter.

Il ne faut pas qu'on croie que le cœur de la jeune Normande fût animé dès lors d'une férocité farouche et sanguinaire. Elle se laissa aller plus qu'elle ne l'avait fait jusque-là aux élans de sa sensibilité naturelle. Plusieurs fois on la vit verser des larmes. Comme les amis de sa famille lui en demandaient le sujet : « Je pleure, répondait-elle, sur les malheurs de ma patrie, sur ceux de mes parents et sur les vôtres ! Eh ! qui peut m'affirmer que vous ne serez pas frappés de ces coups de foudre qui ont déjà privé de la vie un si grand nombre de bons citoyens ? Tant que Marat vivra, il n'y aura jamais de sécurité pour les amis de l'humanité. »

La jeune fille ne disait point: Je pleure sur moi-même.... Et pourtant, elle avait besoin, sans doute, de s'animer à l'énergie, au courage ; car on trouva bien des fois une vieille Bible sur sa table de la petite chambre de la maison de sa tante, rue Saint-Jean, n° 148, où elle s'enfermait des heures entières pour lire ou méditer. Les pages où est raconté le dévouement de Judith étaient mouillées de larmes, et ces mots avaient été soulignés au crayon par la main tremblante de Charlotte : « Judith sortit de la ville, parée d'une beauté merveilleuse dont le Seigneur lui avait fait don, pour se rendre à la tente d'Holopherne. »

Mlle Corday s'imaginait follement que, Marat mort, la paix serait rétablie, la tranquillité et le bonheur rendus à la France. Marat apparaissait dans les départements comme le Montagnard le plus redoutable ou le seul redoutable même.

« L'épouvante que ses maximes inspiraient, jointe à l'idée qu'on se faisait de la forme hideuse de sa personne, faisait, dit Garat, qu'on croyait le voir partout, qu'on s'imaginait qu'il était toute la Montagne, ou que toute la Montagne était comme lui.

« On se le représentait comme un homme d'une courte stature, au teint jaune et noir, aux yeux hagards, les pommettes des joues saillantes, toute l'attitude du corps ignoble et offrant l'air et l'apparence d'un horrible reptile; des haillons pour tous vêtements. Ajoutez que cette espèce d'anthropophage, assurait-on, avait passé une partie de la Révolution dans des souterrains, d'où il lançait au public ses feuilles atroces. »

Cependant, la tristesse qui avait assombri pendant quelque temps le visage de Charlotte et qui avait tant alarmé ses parents s'était complétement dissipée. Elle parla à sa famille d'un voyage à Paris, d'un voyage en Angleterre, et fît ses préparatifs avec un calme parfait. Elle pourvut au sort d'une personne qui l'avait servie avec fidélité, et, jugeant qu'elle n'aurait point le temps d'achever une broderie qu'elle avait entreprise, pour laisser à cette domestique un gage de souvenir et de reconnaissance, elle porta elle-même la collerette chez une ouvrière, en acquitta le prix, avec recommandation expresse de la remettre à la servante à qui elle l'avait destinée ; puis, elle rangea ses livres comme si elle eût dû revenir bientôt, et donna son carton à dessins à un petit garçon qui venait souvent lui demander des images. « Tiens, Robert, lui dit-elle en le lui remettant, voilà pour toi ; sois bien sage et embrasse-moi ; tu ne me verras plus. »

Durant le voyage de Caen à Paris, elle parut tout aussi calme, joua et rit pendant plusieurs heures avec une petite fille assise auprès d'elle, dormit le reste du temps.

Le jeudi 11 juillet, elle arriva à Paris et descendit à l'hôtel de la Providence, rue des Vieux-Augustins. Elle se coucha à cinq heures, dormit jusqu'au lendemain d'un sommeil calme et profond, et employa toute la journée qui suivit à quelques commissions dont elle s'était chargée. Elle se rendit ensuite au Palais-Royal, où elle entra chez un marchand de couteaux. Elle en choisit un à manche d'ébène et à gaîne, qu'elle paya 3 fr., et qu'elle cacha aussitôt sous son fichu. Elle s'assit ensuite dans le jardin sur un banc de pierre ; un enfant vint jouer tout auprès d'elle, appuya même sa petite tête et ses mains sur ses genoux. Elle le prit dans ses bras, se laissa aller, sans doute, en le contemplant, à quelques souvenirs de bonheur ; car ses yeux se mouillèrent de larmes. L'enfant, tout en jouant, avait tiré le couteau de dessous le fichu ; en s'en apercevant, Charlotte pâlit, jeta autour d'elle un regard inquiet, se leva précipitamment, quitta le jardin, rentra à son hôtel et réfléchit à son grand projet.

Elle avait l'intention de s'introduire à l'Assemblée et de frapper Marat au milieu de tous les députés ; mais Marat, malade d'une maladie mortelle, couvert d'une lèpre hideuse, n'allait plus aux séances depuis quelque temps. Voyant donc qu'elle ne pouvait l'aborder que chez lui, la jeune fille lui écrivit un billet ainsi conçu : « Citoyen, j'arrive de Caen ; votre amour pour la patrie me fait présumer que vous connaîtrez avec plaisir les malheureux événements de cette partie de la République ; je me présenterai chez vous ; ayez la bonté de me recevoir et de m'accorder un moment d'entretien ; je vous mettrai à même de rendre un grand service à la France. »

Charlotte, s'étant rendue à l'heure par elle indiquée au domicile de Marat, rue des Cordeliers, aujourd'hui de l'Ecole-de-Médecine, ne put parvenir à être admise. Elle écrivit un second billet et se rendit de nouveau, vers sept heures du soir, chez celui qui s'intitulait l'*ami du peuple*. Ce billet ne fut point nécessaire. La portière fit bien quelques difficultés, mais Charlotte passa malgré elle. A la porte de l'appartement, une femme, Catherine Evrard, examina la visiteuse avec une curiosité inquiète. Bien que la jeune fille ne parût point suspecte avec sa beauté, l'air de candeur répandu sur tous ses traits et ses vêtements modestes : une robe blanche, un fichu de soie noué élégamment derrière la taille, un bonnet normand à dentelles flottant sur les joues, un large ruban vert soutenant son chignon d'où s'échappaient des boucles onduleuses ; bien que la jeune fille ne lui parût point suspecte, Catherine lui déclara qu'elle ne pouvait entrer. La visiteuse redoubla d'instances : les sons de sa voix vibrante, argentine, parvinrent jusqu'à Marat, alors au bain. Comprenant que cette femme était la personne qui lui avait écrit le matin, il commanda qu'on l'introduisît auprès de lui.

Charlotte entra et se trouva bientôt seule avec l'*ami du peuple* dans une pièce petite et obscure. Elle contempla un instant cet homme, l'exécration de tous les Français honnêtes et vertueux ; elle contempla un instant cet homme plongé dans une baignoire recouverte d'un drap sale et d'une planche sur laquelle il écrivait ; ses cheveux gris, entourés d'un mouchoir ou d'une serviette, la lèpre qui salissait son visage, ses mains grêles, sa peau jaunâtre et huileuse causèrent un profond dégoût à la jeune fille ; elle détourna les yeux. Se remettant aussitôt, elle s'avança et se tint près du monstre, debout et immobile. Elle avait promis des nouvelles de la Normandie ; il les demanda, les noms surtout des députés réfugiés à Caen ; elle les nomma, et il écrivait à mesure. Puis, ayant fini : « C'est bon, dit-il ; bientôt ils subiront leur châtiment. — Le tien est prêt, » repartit-elle. Et d'une main ferme, elle lui plongea son couteau dans le cœur.... « A moi ! » cria seulement Marat en expirant.

A ce cri, les femmes de la maison, les voisins se précipitèrent dans la chambre en vociférant. Ils trouvèrent Charlotte debout près de la fenêtre, calme et immobile. Basse, l'un des amis de Marat,

la frappa d'un coup de chaise et la renversa ;
la fille Evrard la foula aux pieds.... On voulait la
mettre en pièces ; mais la garde arriva, reçut
l'aveu de son crime et l'entraîna loin de ce lieu
d'horreur.

Cependant la nouvelle se répand de toutes parts.
Le peuple veut massacrer la jeune fille qui a osé
tremper ses mains dans le sang de celui qu'il
nommait son *ami* et son *défenseur*. Il se presse sur
son passage, la charge d'imprécations et d'injures.
« Pauvres gens ! dit simplement Charlotte, vous
voulez ma mort, et vous me devriez un autel pour
vous avoir délivrés d'un monstre. »

Interrogée sur les motifs qui l'ont fait agir :
« Ayant vu la guerre civile s'allumer dans toute
la France, répondit-elle, et persuadée que Marat
était le principal auteur des désastres, j'ai préféré
faire le sacrifice de ma vie pour sauver mon pays. »

Elle termina par ces paroles un interrogatoire
qui dura une partie de la nuit : « Quant à moi,
j'ai rempli ma tâche ; d'autres feront le reste. »

Le lendemain fut consacré aux obsèques de
Marat. La Montagne, les Jacobins, les Cordeliers
se disputèrent ses restes. Ceux-ci les obtinrent
enfin, et il fut arrêté que le *grand homme* serait

enterré dans leur jardin et sous les arbres mêmes
où le soir il lisait sa feuille au peuple.

Tandis qu'on lui décernait des honneurs magnifiques, que des jeunes filles jetaient des fleurs
sur son cercueil, que les sociétés populaires lui
rendaient hommage, et que le président de la section de la République répétait : « Marat fut notre
ami, il fut l'ami du peuple : c'est pour le peuple
qu'il a vécu, c'est pour le peuple qu'il est mort, »
Charlotte Corday, à demi étendue sur les dalles
de son cachot, écrivait à son père quelques lignes
tonchantes :

« Pardonnez-moi, mon cher papa, d'avoir
disposé de mon existence sans votre permission.
J'ai vengé bien d'innocentes victimes ; j'ai prévenu bien des désastres. Le peuple, un jour désa-
busé, se réjouira d'être délivré de son tyran. Si
j'ai cherché à vous persuader que j'étais passée
en Angleterre, c'est que j'espérais garder l'inco-
gnito ; mais j'en ai vu l'impossibilité. J'espère que
vous ne serez pas tourmenté. En tous cas, vous
trouverez des défenseurs à Caen. Adieu, mon
cher papa ; je vous prie de m'oublier ou plutôt de
vous réjouir de mon sort. Vous connaissez votre
fille, un motif blâmable n'aurait pu la conduire.

J'embrasse ma sœur, que j'aime de tout mon cœur
(elle avait perdu l'autre), ainsi que tous mes parents.

« N'oubliez pas ce vers de Corneille :

Le crime fait la honte, et non pas l'échafaud.

Le 17 juillet, dès le matin, Charlotte Corday fut
traduite devant le tribunal révolutionnaire. Elle y
porta le calme qu'elle avait montré dans l'accomplissement de son crime, répondit avec simplicité
et fermeté à toutes les questions, ne perdit pas un
instant son admirable sang-froid. Il lui semblait
de toute justice d'expier un meurtre utile par le
sacrifice de sa vie.

La défense de Charlotte Corday, par Chauveau-
Lagarde, est un des plus beaux monuments de
l'histoire de la Révolution française :

« Vous venez d'entendre les réponses de l'ac-
cusée ; elle avoue son crime ; elle en avoue avec
sang-froid la longue préméditation ; elle en avoue
les circonstances les plus affreuses ; en un mot,
elle avoue tout et ne cherche pas même à se justifier. Ce calme imperturbable et cette entière
abnégation de soi-même, qui n'annoncent aucun
remords en présence, pour ainsi dire, de la

mort même ; ce calme et cette abnégation sublimes, sous un rapport, ne sont pas dans la nature ; ils ne peuvent s'expliquer que par l'exalta-
tion du fanatisme politique qui lui a mis le
poignard à la main ; et c'est à vous, citoyens
jurés, à juger de quel poids doit être cette considération morale dans la balance de la justice. »

Après le tumulte et les applaudissements
bruyants qui suivirent le jugement à la peine de
mort : « Monsieur, dit Charlotte Corday à son
défenseur, je vous remercie du courage avec lequel vous m'avez défendue ; vous l'avez fait de la
seule manière qui fût digne de vous et de moi.
Ces messieurs me confisquent mon bien.... Mais
je veux vous donner un plus grand témoignage
de ma reconnaissance : je vous prie de payer pour
moi ce que je dois à la prison, et je compte sur
votre générosité. »

Ces dettes se montaient à 36 fr. ; elles furent
acquittées dès le lendemain par Chauveau-La-
garde.

Quelques heures après son jugement, Charlotte, toujours calme et digne, traversait lente-
ment Paris dans la fatale charrette qui conduisait les victimes à l'échafaud. La hideuse chemise

rouge dont on l'avait couverte par-dessus ses vêtements semblait ajouter encore à sa beauté naturelle ; une douce sérénité brillait sur son front....
Elle mourut sans que son courage se démentît un
seul instant....

Au moment où sa tête tomba, un charpentier
maratiste qui servait d'aide au bourreau, la prit
brutalement, et, la montrant au peuple, n'eut pas
honte de la souffleter. On crut voir la tête rougir,
et un frisson d'horreur agita ces barbares qui, un
moment auparavant, applaudissaient au supplice
de l'infortunée jeune fille.

A ne considérer que les intentions de Charlotte
Corday, la jeune fille mériterait, sans doute, nos
respects et nos hommages : ces intentions étaient
pures. Donner sa propre vie pour délivrer son
pays d'un monstre, c'est certainement sublime ;
mais le crime était affreux ; se croire inspirée de
Dieu n'était que du fanatisme ; Dieu n'inspire
point le crime. Nos jeunes lecteurs nous rappelle-
ront Judith, dont Charlotte se plaisait, pour s'en-
courager, à relire la touchante histoire ; qu'ils se
souviennent que les Juifs étaient un peuple igno-
rant et grossier, qui ne comprenait rien que par
les sens. Ainsi, Dieu lui avait donné sa loi sur le

Sinaï au bruit de la foudre ; ainsi, il avait frappé de mort les sacriléges qui brûlaient devant lui un feu profane ; ainsi, il l'avait soumis à ses ennemis quand il était tombé dans le péché.

Nous nous résumons. Enfants de la France, admirons Charlotte Corday, qui s'est dévouée pour la patrie ; chrétiens, plaignons-la, mais cherchons dans son fanatisme une excuse à son crime.

FIN.

Rouen. — Imp. MÉGARD et Cie, rue Saint-Hilaire, 136.

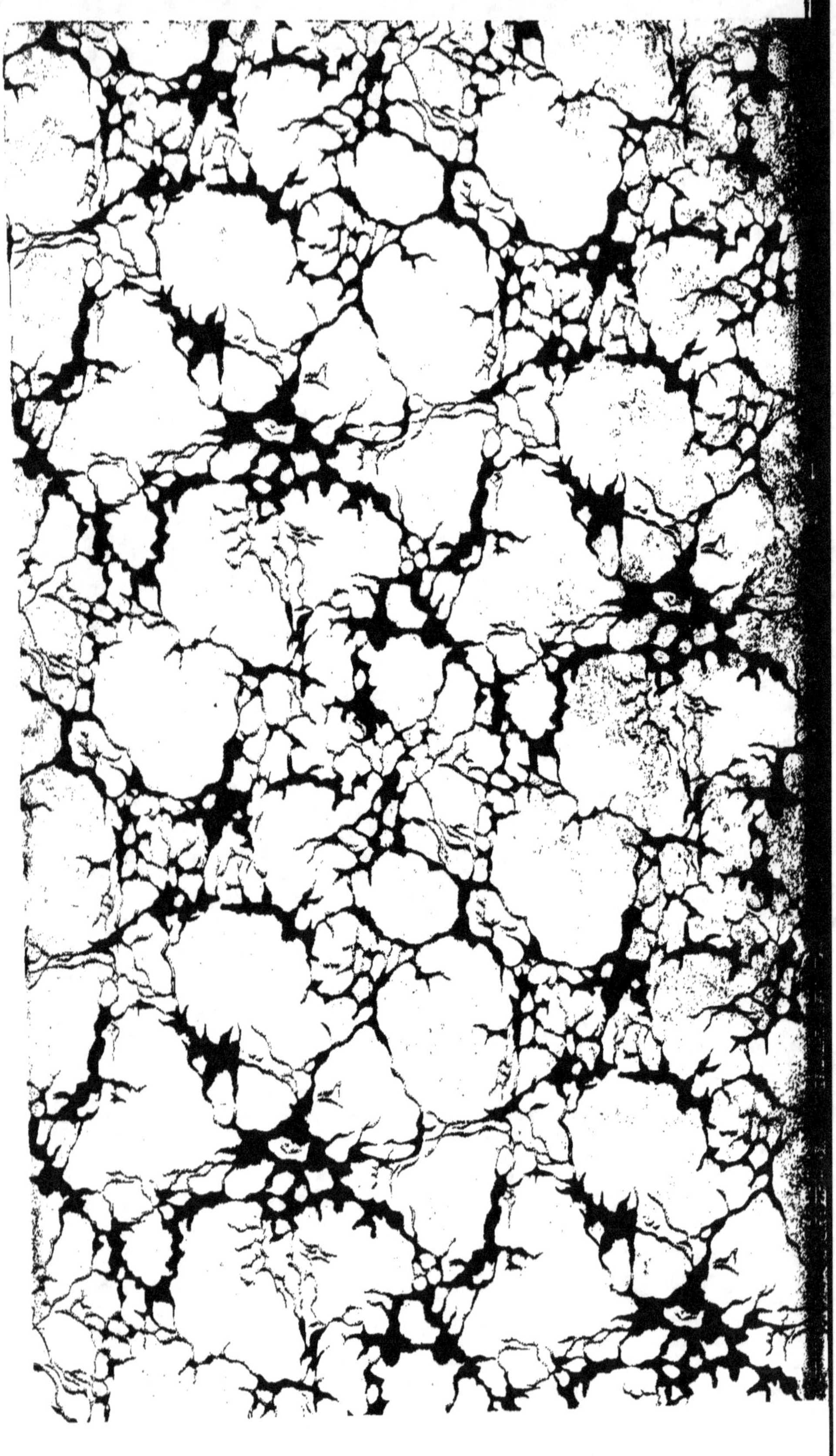

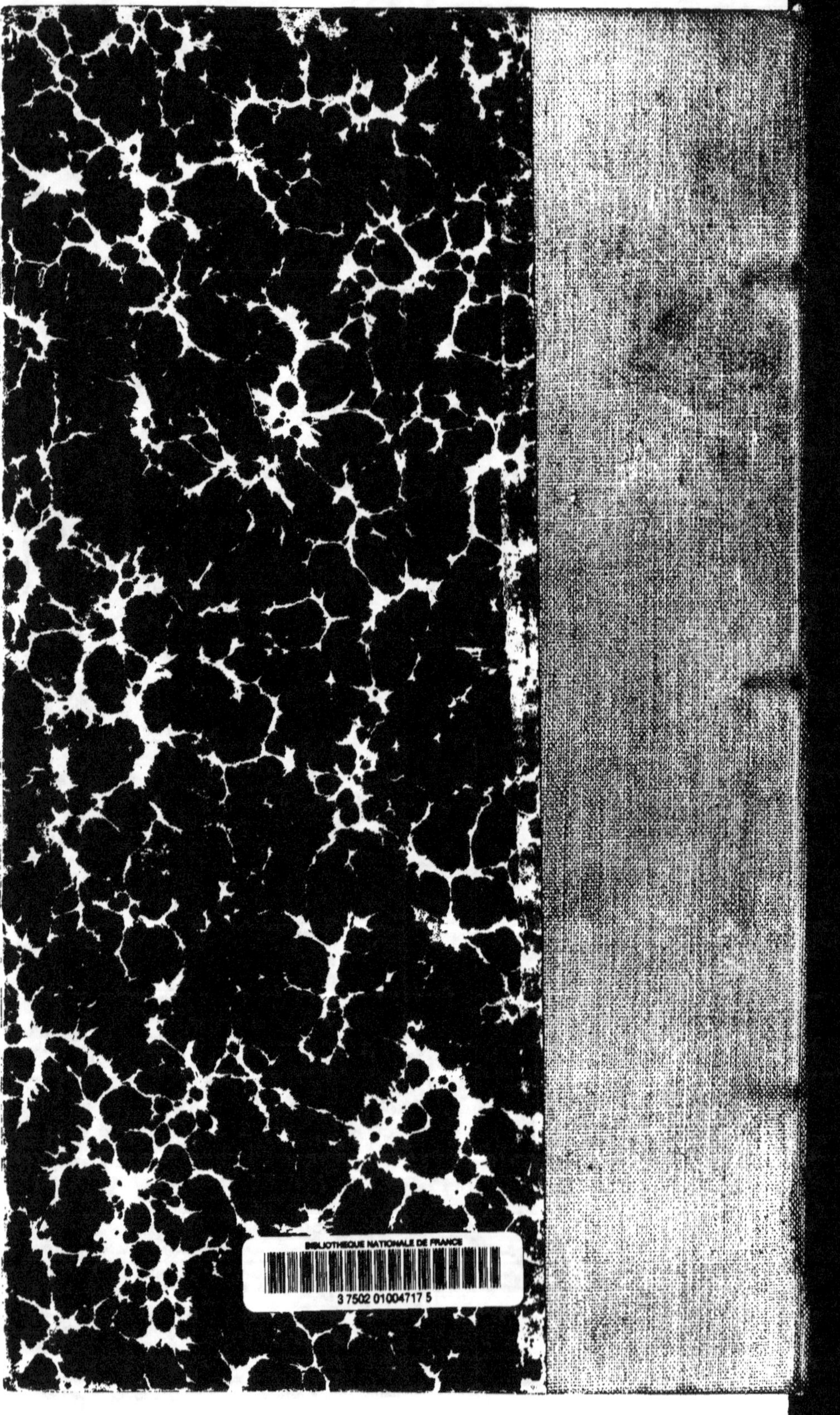